해법 기초계산 D4

1 4주 완성의 계획적인 수학 학습!

2 시간 내 푸는 연습을 통한 실전 감각 향상!

3 다양한 구성의 문제로 사고력 향상!

계산력이 왜 중요한가?

선생님! 계산력이 왜 중요한가요?

수학 만점으로 가는 길은 계산력에서 시작한단다. 왜 중요한지 수학의 아버지 피타고라스 선생님에게 물어볼까?

계산력은 수학의 뿌리!
계산력 없이 수학은 생각할 수 없지.
수학은 계통성의 학문이라고 해.
역연산으로 인해 덧셈이 뺄셈의 기초가 되고,
곱셈이 확립되어야
나눗셈이 가능해지기 때문이지.
따라서 수학의 근간인 기초 계산력을
완벽하게 다져 주는 것이야말로
수학 만점으로 가는 첫걸음이지.

구성과 특징

개념 만화

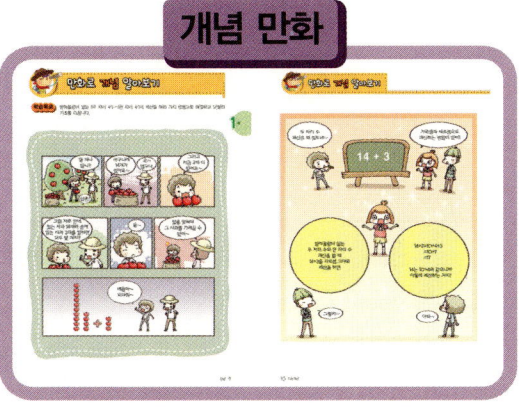

만화를 통한 원리 깨치기

만화를 통한 계산 원리와 개념을
이해할 수 있습니다.

1단계

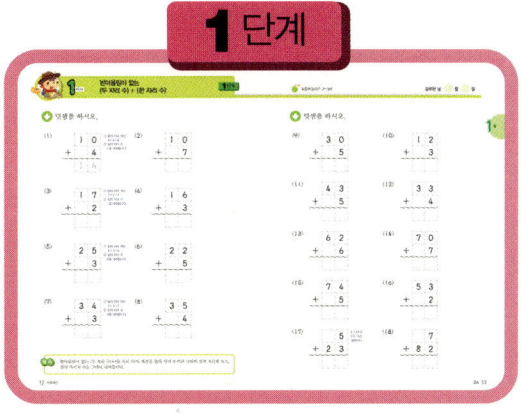

집중 연습으로 계산력 다지기

집중 연습 문제로 기초 계산력을
완벽하게 다질 수 있습니다.

2단계

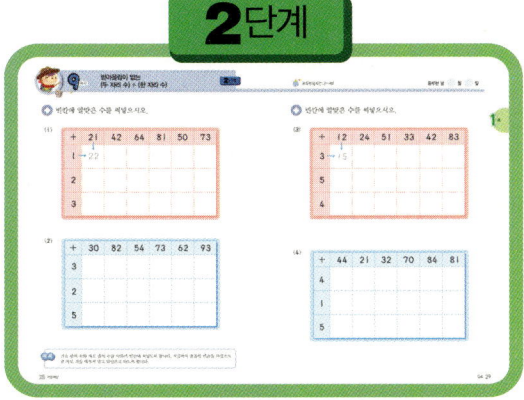

퍼즐형 문제로 정확성 기르기

흥미로운 퍼즐형 문제로 이루어져
집중력과 정확성까지 기를 수 있습니다.

3단계

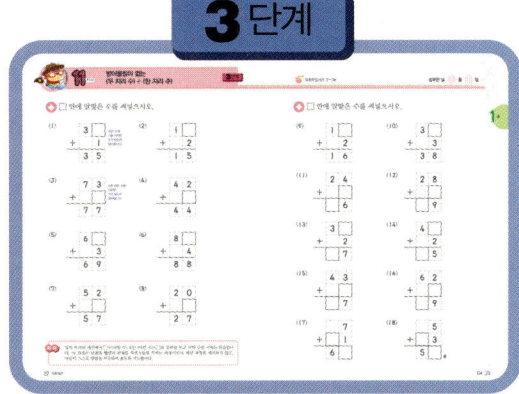

다양한 문제로 사고력 키우기

다양한 문제를 통해 수학적 사고력과
문제 해결력을 높일 수 있습니다.

내용 구성표

권	주	A단계 (5~7세)	B단계 (5~7세)	C단계 (5~7세)
1권	1	일대일 대응, 많다 · 적다	더하기 3 : (1~7)+3	빼기 5 : (1~20)-5
	2	1~5 수 익히기	더하기 3 : (1~17)+3	빼기 6 : (1~20)-6
	3	1~5 수 익히기	더하기 3 : (1~27)+3	빼기 4, 5, 6의 종합
	4	0, 6~10 수 익히기	더하기 1, 2, 3의 종합	더하기 · 빼기의 종합 ①
2권	1	0, 6~10 수 익히기	빼기 1 : (1~10)-1	더하기 · 빼기의 종합 ②
	2	1~10 종합	빼기 1 : (1~20)-1	더하기 7 : (1~9)+7
	3	수 가르기와 수 모으기(1, 2, 3, 4, 5)	빼기 2 : (1~10)-2	더하기 7 : (1~19)+7
	4	수 가르기와 수 모으기(6, 7, 8, 9, 10)	빼기 2 : (1~20)-2	더하기 7 : (1~23)+7
3권	1	11~20 수 익히기	빼기 3 : (1~10)-3	더하기 8 : (1~9)+8
	2	11~20 수 익히기	빼기 3 : (1~20)-3	더하기 8 : (1~22)+8
	3	1~20 종합	빼기 1, 2, 3의 종합	더하기 9 : (1~9)+9
	4	21~30 수 익히기	더하기 · 빼기의 관계 ①	더하기 9 : (1~21)+9
4권	1	31~40 수 익히기	더하기 · 빼기의 관계 ②	더하기 10 : (1~20)+10
	2	41~50 수 익히기	더하기 4 : (1~6)+4	더하기 7, 8, 9, 10의 종합
	3	1~50 종합	더하기 4 : (1~16)+4	더하기 1~10의 종합
	4	51~70 수 익히기	더하기 4 : (1~26)+4	빼기 7 : (1~20)-7
5권	1	71~100 수 익히기	더하기 5 : (1~9)+5	빼기 8 : (1~20)-8
	2	1~100 종합	더하기 5 : (1~15)+5	빼기 9 : (1~20)-9
	3	더하기 1 : (1~9)+1	더하기 5 : (1~25)+5	빼기 10 : (1~20)-10
	4	더하기 1 : (1~19)+1	더하기 6 : (1~9)+6	빼기 7, 8, 9, 10의 종합
6권	1	더하기 1 : (1~29)+1	더하기 6 : (1~14)+6	빼기 1~10의 종합
	2	더하기 2 : (1~8)+2	더하기 6 : (1~24)+6	더하기 · 빼기의 종합 ③
	3	더하기 2 : (1~18)+2	더하기 4, 5, 6의 종합	더하기 · 빼기의 종합 ④
	4	더하기 2 : (1~28)+2	빼기 4 : (1~20)-4	재미있는 더하기 · 빼기의 규칙

권	주	D단계 (초1)	E단계 (초2)	F단계 (초3)	G단계 (초4)
1권	1	더하기 1, 2, 3	받아올림이 있는 (두 자리 수)+(한 자리 수)	(세 자리 수)+(세 자리 수) ①	100, 1000, 10000, 몇백, 몇천 곱하기
	2	합이 5까지인 덧셈	받아내림이 있는 (두 자리 수)−(한 자리 수)	(세 자리 수)+(세 자리 수) ②	(세 자리 수)×(두 자리 수)
	3	합이 9까지인 덧셈	세 수의 덧셈	(세 자리 수)−(세 자리 수) ①	(네 자리 수)×(두 자리 수)
	4	받아올림이 없는 (한 자리 수)+(한 자리 수)	세 수의 뺄셈	(세 자리 수)−(세 자리 수) ②	(세 자리 수)×(세 자리 수)
2권	1	빼기 1, 2, 3	일의 자리에서 받아올림이 있는 (두 자리 수)+(두 자리 수)	2, 3, 4, 5의 단 곱셈구구를 이용한 나눗셈	(세 자리 수)÷(한 자리 수)
	2	5까지의 뺄셈	십의 자리에서 받아올림이 있는 (두 자리 수)+(두 자리 수)	6, 7, 8, 9의 단 곱셈구구를 이용한 나눗셈	(두·세 자리 수)÷(몇십)
	3	9까지의 뺄셈	일, 십의 자리에서 받아올림이 있는 (두 자리 수)+(두 자리 수)	곱셈구구를 이용한 나눗셈 ①	(두·세 자리 수)÷(두 자리 수)
	4	(한 자리 수)−(한 자리 수)	받아올림이 있는 (두 자리 수)+(두 자리 수)	곱셈구구를 이용한 나눗셈 ②	(세·네 자리 수)÷(두 자리 수)
3권	1	10이 되는 더하기	받아내림이 있는 (두 자리 수)−(두 자리 수) ①	(두 자리 수)×(한 자리 수) ①	덧셈과 뺄셈의 혼합 계산
	2	10에서 빼기	받아내림이 있는 (두 자리 수)−(두 자리 수) ②	(두 자리 수)×(한 자리 수) ②	곱셈과 나눗셈의 혼합 계산
	3	세 수의 계산 ①	세 수의 계산 ①	(두 자리 수)×(한 자리 수) ③	혼합 계산 1
	4	세 수의 계산 ②	세 수의 계산 ②	(두 자리 수)×(한 자리 수) ④	혼합 계산 2
4권	1	받아올림이 없는 (두 자리 수)+(한 자리 수)	2, 3, 4, 5의 단 곱셈구구	(네 자리 수)+(세 자리 수)	분수의 이해 1
	2	받아올림이 없는 (두 자리 수)+(두 자리 수)	6, 7, 8, 9의 단 곱셈구구	(네 자리 수)+(네 자리 수)	분수의 이해 2
	3	받아내림이 없는 (두 자리 수)−(한 자리 수)	곱셈구구 ①	(네 자리 수)−(세 자리 수)	분수의 이해 3
	4	받아내림이 없는 (두 자리 수)−(두 자리 수)	곱셈구구 ②	(네 자리 수)−(네 자리 수)	분수의 덧셈
5권	1	두 수의 합이 10이 되는 세 수의 덧셈	받아올림이 없는 (세 자리 수)+(세 자리 수)	(세 자리 수)×(한 자리 수)	분수의 덧셈
	2	(한 자리 수)+(한 자리 수) ①	일의 자리에서 받아올림이 있는 (세 자리 수)+(세 자리 수)	(한 자리 수)×(두 자리 수)	분수의 뺄셈 1
	3	(한 자리 수)+(한 자리 수) ②	십의 자리에서 받아올림이 있는 (세 자리 수)+(세 자리 수)	(두 자리 수)×(두 자리 수) ①	분수의 뺄셈 2
	4	(한 자리 수)+(한 자리 수)의 종합	일, 십의 자리에서 받아올림이 있는 (세 자리 수)+(세 자리 수)	(두 자리 수)×(두 자리 수) ②	세 분수의 덧셈과 뺄셈
6권	1	(십 몇)−(한 자리 수) ①	받아내림이 없는 (세 자리 수)−(세 자리 수)	(두 자리 수)÷(한 자리 수) ①	소수 한 자리 수의 덧셈
	2	(십 몇)−(한 자리 수) ②	십의 자리에서 받아내림이 있는 (세 자리 수)−(세 자리 수)	(두 자리 수)÷(한 자리 수) ②	소수 두·세 자리 수의 덧셈
	3	세 수의 덧셈	백의 자리에서 받아내림이 있는 (세 자리 수)−(세 자리 수)	(두 자리 수)÷(한 자리 수) ③	소수 한 자리 수의 뺄셈
	4	세 수의 뺄셈	십, 백의 자리에서 받아내림이 있는 (세 자리 수)−(세 자리 수)	(두 자리 수)÷(한 자리 수) ④	소수 두·세 자리 수의 뺄셈

Q&A 활용 가이드

Q

아이 수준을 몰라서
어느 단계의 교재를
선택하면 될지 모르겠어요.

계산 실수를 자주 해요.

시험 시간이 부족해요.

공부 계획을
스스로 세우기 힘들어요.

A

한 페이지에서
틀린 문제가 6문제 이상이면
이전 단계의
교재부터 시작하세요.

정해진 시간 안에 푸는
연습으로 실전 감각을
키우세요.

매일매일 공부하는
습관으로
정확성을 키우세요.

스케줄표를 이용해
계획을 세워
2주, 4주 완성에 도전하세요.

4주 완성 스케줄표

활용 방법 매일 2장(2차시)씩 풀면 24일 만에 완성할 수 있습니다.

1주	1일	2일	3일	4일	5일	6일
확인	12~15쪽	16~19쪽	20~23쪽	24~27쪽	28~31쪽	32~35쪽

2주	7일	8일	9일	10일	11일	12일
확인	40~43쪽	44~47쪽	48~51쪽	52~55쪽	56~59쪽	60~63쪽

3주	13일	14일	15일	16일	17일	18일
확인	68~71쪽	72~75쪽	76~79쪽	80~83쪽	84~87쪽	88~91쪽

4주	19일	20일	21일	22일	23일	24일
확인	96~99쪽	100~103쪽	104~107쪽	108~111쪽	112~115쪽	116~119쪽

※ 매일 4장(4차시)씩 풀면 12일 만에 완성할 수 있습니다.

1주 받아올림이 없는 (두 자리 수) + (한 자리 수)

학습 체크표 매일 학습이 끝나면 채점을 하고 체크표를 작성하여 나의 실력을 알아보세요.

차시	단계	공부한 날	잘 했나요?			
1차시		월 일	☺	☺	☹	☹
2차시		월 일	☺	☺	☹	☹
3차시		월 일	☺	☺	☹	☹
4차시		월 일	☺	☺	☹	☹
5차시	1단계	월 일	☺	☺	☹	☹
6차시		월 일	☺	☺	☹	☹
7차시		월 일	☺	☺	☹	☹
8차시		월 일	☺	☺	☹	☹
9차시	2단계	월 일	☺	☺	☹	☹
10차시		월 일	☺	☺	☹	☹
11차시	3단계	월 일	☺	☺	☹	☹
12차시		월 일	☺	☺	☹	☹

틀린 개수가

0~1개이면 ☺ (아주 잘함)에, 2~3개이면 ☺ (잘함)에,

4~5개이면 ☹ (보통)에, 6개 이상이면 ☹ (노력 바람)에 색칠해 주세요.

만화로 개념 알아보기

학습목표 받아올림이 없는 (두 자리 수)−(한 자리 수)의 계산을 여러 가지 방법으로 해결하고 덧셈의 기초를 다집니다.

1주

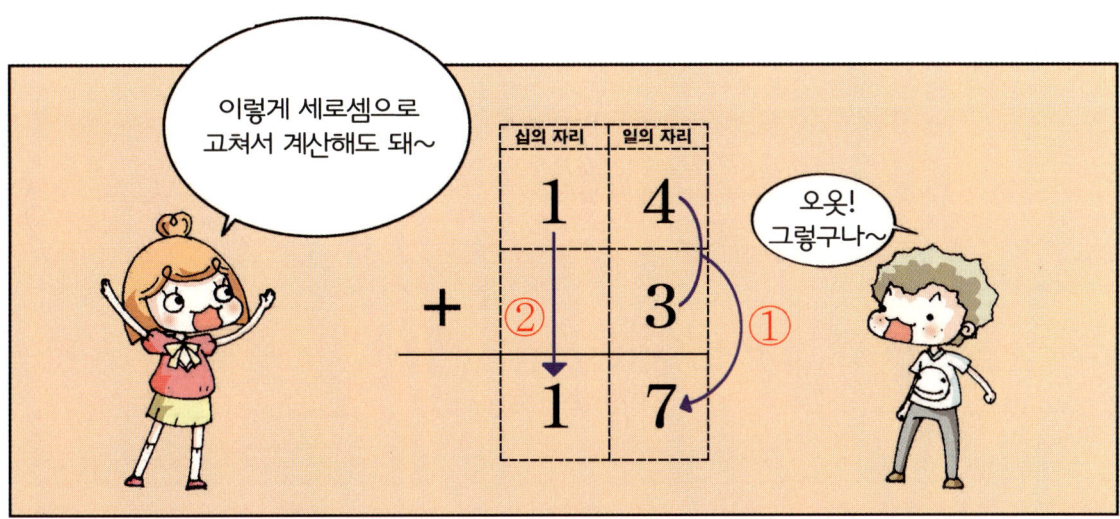

① 일의 자리 수끼리 더합니다.
② 십의 자리 수를 내려 씁니다.

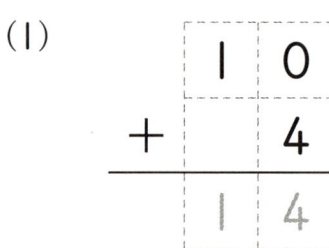

➕ 덧셈을 하시오.

(1)
$$\begin{array}{r} 1\;0 \\ +\quad\;4 \\ \hline 1\;4 \end{array}$$

① 일의 자리 계산
   0+4=4
② 십의 자리 수
   1을 내려씁니다.

(2)
$$\begin{array}{r} 1\;0 \\ +\quad\;7 \\ \hline \end{array}$$

(3)
$$\begin{array}{r} 1\;7 \\ +\quad\;2 \\ \hline \end{array}$$

① 일의 자리 계산
   7+2=9
② 십의 자리 수
   1을 내려씁니다.

(4)
$$\begin{array}{r} 1\;6 \\ +\quad\;3 \\ \hline \end{array}$$

(5)
$$\begin{array}{r} 2\;5 \\ +\quad\;3 \\ \hline \end{array}$$

① 일의 자리 계산
   5+3=8
② 십의 자리 수
   2를 내려씁니다.

(6)
$$\begin{array}{r} 2\;2 \\ +\quad\;5 \\ \hline \end{array}$$

(7)
$$\begin{array}{r} 3\;4 \\ +\quad\;3 \\ \hline \end{array}$$

① 일의 자리 계산
   4+3=7
② 십의 자리 수
   3을 내려씁니다.

(8)
$$\begin{array}{r} 3\;5 \\ +\quad\;4 \\ \hline \end{array}$$

꼭꼭 받아올림이 없는 (두 자리 수)+(한 자리 수)의 계산은 일의 자리 수끼리 더하여 일의 자리에 쓰고,
십의 자리의 수는 그대로 내려씁니다.

덧셈을 하시오.

1주

(9)
```
    3 0
  +   5
  ─────
```

(10)
```
    1 2
  +   3
  ─────
```

(11)
```
    4 3
  +   5
  ─────
```

(12)
```
    3 3
  +   4
  ─────
```

(13)
```
    6 2
  +   6
  ─────
```

(14)
```
    7 0
  +   7
  ─────
```

(15)
```
    7 4
  +   5
  ─────
```

(16)
```
    5 3
  +   2
  ─────
```

(17)
```
      5
  + 2 3
  ─────
```
5＋23과 23＋5는 같습니다.

(18)
```
      7
  + 8 2
  ─────
```

 덧셈을 하시오.

(1)
```
   8 4
 +   3
```

(2)
```
   2 6
 +   3
```

(3)
```
   7 1
 +   4
```

(4)
```
   4 4
 +   4
```

(5)
```
   1 5
 +   4
```

(6)
```
   5 0
 +   6
```

(7)
```
   3 4
 +   5
```

(8)
```
   1 1
 +   6
```

(9)
```
     4
 + 6 0
```

(10)
```
     5
 + 5 2
```

덧셈을 하시오.

(11)
```
    6  8
+      1
───────
```

(12)
```
    3  6
+      2
───────
```

(13)
```
    2  2
+      5
───────
```

(14)
```
    8  4
+      5
───────
```

(15)
```
    7  0
+      6
───────
```

(16)
```
    5  5
+      3
───────
```

(17)
```
    6  3
+      2
───────
```

(18)
```
    4  7
+      2
───────
```

(19)
```
       3
+   2  4
───────
```

(20)
```
       5
+   3  4
───────
```

 덧셈을 하시오.

(1)
```
    4 2
  +   6
  ─────
```
① 일의 자리 계산
　　2+6=8
② 십의 자리 수 4를 내려씁니다.

(2)
```
    4 3
  +   4
  ─────
```

(3)
```
    5 1
  +   7
  ─────
```

(4)
```
    7 6
  +   2
  ─────
```

(5)
```
    8 5
  +   2
  ─────
```

(6)
```
    2 0
  +   8
  ─────
```

(7)
```
    3 3
  +   5
  ─────
```

(8)
```
    6 1
  +   6
  ─────
```

(9)
```
    4 7
  +   1
  ─────
```

(10)
```
    5 3
  +   2
  ─────
```

 받아올림이 없는 (두 자리 수)+(한 자리 수)의 계산은 일의 자리 수끼리 더하여 일의 자리에 쓰고,
십의 자리의 수는 그대로 내려씁니다.

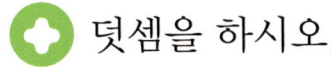 덧셈을 하시오.

1주

(11)
```
  8 4
+   2
```

(12)
```
  2 4
+   3
```

(13)
```
  4 2
+   7
```

(14)
```
  1 5
+   2
```

(15)
```
  3 3
+   3
```

(16)
```
  8 1
+   6
```

(17)
```
  6 4
+   5
```

(18)
```
  7 2
+   5
```

(19)
```
  5 2
+   6
```

(20)
```
  4 6
+   3
```

(21)
```
  2 0
+   5
```

(22)
```
  5 3
+   4
```

(23)
```
    6
+ 6 1
```

(24)
```
    3
+ 4 5
```

(25)
```
    6
+ 2 0
```

 덧셈을 하시오.

(1)
```
    2 5
+     2
```

(2)
```
    3 4
+     2
```

(3)
```
    7 3
+     5
```

(4)
```
    7 3
+     4
```

(5)
```
    6 4
+     3
```

(6)
```
    8 2
+     4
```

(7)
```
    7 5
+     4
```

(8)
```
    6 0
+     9
```

(9)
```
    2 3
+     6
```

(10)
```
    5 2
+     7
```

(11)
```
    8 8
+     1
```

(12)
```
    4 3
+     3
```

(13)
```
      7
+   2 2
```

(14)
```
      6
+   2 1
```

(15)
```
      8
+   5 0
```

덧셈을 하시오.

(16)
$$
\begin{array}{r}
5\,7 \\
+\ \ 1 \\
\hline
\end{array}
$$

(17)
$$
\begin{array}{r}
6\,4 \\
+\ \ 4 \\
\hline
\end{array}
$$

(18)
$$
\begin{array}{r}
3\,4 \\
+\ \ 3 \\
\hline
\end{array}
$$

(19)
$$
\begin{array}{r}
7\,0 \\
+\ \ 7 \\
\hline
\end{array}
$$

(20)
$$
\begin{array}{r}
3\,2 \\
+\ \ 6 \\
\hline
\end{array}
$$

(21)
$$
\begin{array}{r}
2\,5 \\
+\ \ 2 \\
\hline
\end{array}
$$

(22)
$$
\begin{array}{r}
2\,2 \\
+\ \ 4 \\
\hline
\end{array}
$$

(23)
$$
\begin{array}{r}
4\,0 \\
+\ \ 9 \\
\hline
\end{array}
$$

(24)
$$
\begin{array}{r}
5\,1 \\
+\ \ 8 \\
\hline
\end{array}
$$

(25)
$$
\begin{array}{r}
5\,3 \\
+\ \ 2 \\
\hline
\end{array}
$$

(26)
$$
\begin{array}{r}
7\,6 \\
+\ \ 3 \\
\hline
\end{array}
$$

(27)
$$
\begin{array}{r}
6\,1 \\
+\ \ 7 \\
\hline
\end{array}
$$

(28)
$$
\begin{array}{r}
5 \\
+\,1\,3 \\
\hline
\end{array}
$$

(29)
$$
\begin{array}{r}
6 \\
+\,8\,0 \\
\hline
\end{array}
$$

(30)
$$
\begin{array}{r}
4 \\
+\,3\,5 \\
\hline
\end{array}
$$

➕ 덧셈을 하시오.

(1) $32 + 6 =$ ⬚

30   2
        8
    38

2+6=8
30+8=38

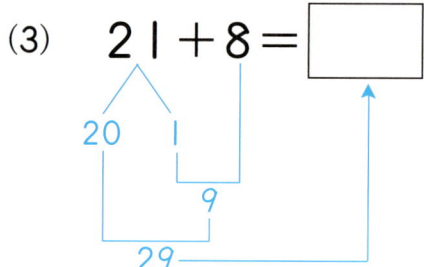

① 32를 30과 2로 나누어 일의 자리
수인 2와 6을 더하여 30에 더합니
다.
② 2+6=8
③ 30+8=38

(2) $45 + 3 =$ ⬚

40   5
        8
    48

(3) $21 + 8 =$ ⬚

20   1
        9
    29

(4) $24 + 4 =$ ⬚

(5) $31 + 7 =$ ⬚

(6) $34 + 5 =$ ⬚

(7) $72 + 4 =$ ⬚

 꼭꼭 몇십 몇을 몇십과 몇으로 나누어 일의 자리 수끼리 더한 후, 몇십과 더하는 방법입니다. 충분한 연
습을 한 후 암산으로 해결할 수 있도록 지도합니다.
(몇십 몇)+(몇) ⇨ (몇십)+(몇)+(몇) ⇨ (몇십)+(몇) ⇨ (몇십 몇)

➕ 덧셈을 하시오.

1주

(8) 56 + 3 = ☐

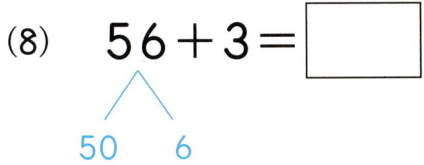
50   6

(9) 74 + 2 = ☐
70   4

(10) 71 + 8 = ☐

(11) 62 + 5 = ☐

(12) 13 + 6 = ☐

(13) 33 + 3 = ☐

(14) 42 + 4 = ☐

(15) 53 + 4 = ☐

(16) 6 + 42 = ☐

(17) 6 + 81 = ☐

(18) 8 + 11 = ☐

(19) 4 + 75 = ☐

6차시 받아올림이 없는 (두 자리 수) + (한 자리 수)   **1**단계

➕ 덧셈을 하시오.

(1) $35 + 4 =$ ☐

30 5

9

39

① 35를 30과 5로 나눕니다.
② 일의 자리 수끼리 계산하면
   5+4=9
③ 30+9=39

5+4=9
30+9=39

(2) $36 + 3 =$ ☐

30 6

9

39

(3) $82 + 4 =$ ☐

80 2

6

86

(4) $72 + 5 =$ ☐

(5) $64 + 3 =$ ☐

(6) $31 + 7 =$ ☐

(7) $52 + 6 =$ ☐

 몇십 몇을 몇십과 몇으로 나누어 일의 자리 수끼리 더한 후, 몇십과 더하는 방법입니다. 충분한 연습을 한 후 암산으로 해결할 수 있도록 지도합니다.
(몇십 몇)+(몇) ⇨ (몇십)+(몇)+(몇) ⇨ (몇십)+(몇) ⇨ (몇십 몇)

덧셈을 하시오.

(8)　43+5=☐　　　(9)　36+2=☐

(10)　71+7=☐　　　(11)　22+6=☐

(12)　41+6=☐　　　(13)　70+9=☐

(14)　83+6=☐　　　(15)　41+8=☐

(16)　5+23=☐　　　(17)　4+73=☐

(18)　8+11=☐　　　(19)　3+42=☐

 가로셈을 세로셈으로 고쳐 계산하시오.

(1) 64+5

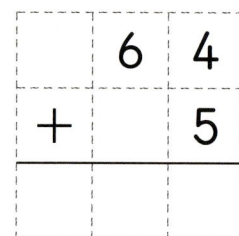

(2) 43+4

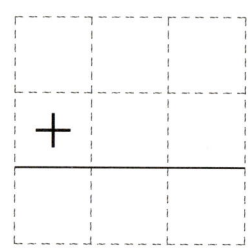

(3) 75+1

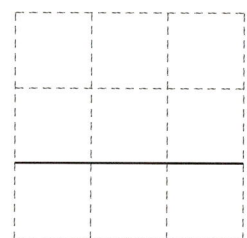

(4) 32+5

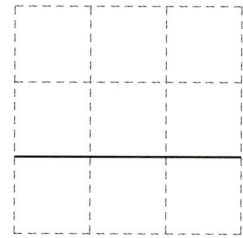

(5) 84+3

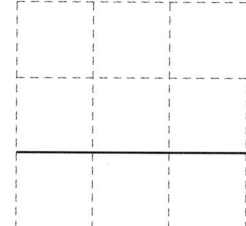

(6) 31+8

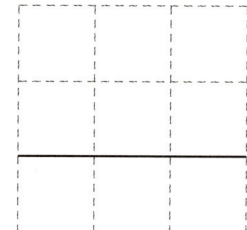

(7) 22+7

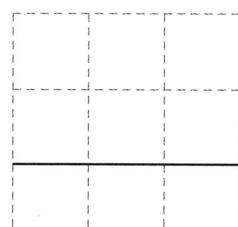

(8) 43+5

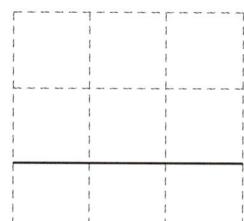

(9) 60+9

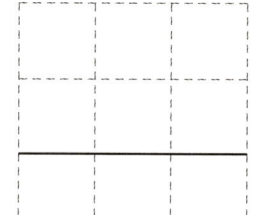

 가로셈을 세로셈으로 고쳐 계산할 때에는 자리를 맞추어 쓰고 일의 자리, 십의 자리 순서로 계산하도록 지도합니다.

가로셈을 세로셈으로 고쳐 계산하시오.

(10) 40+9

(11) 71+5

(12) 34+3

(13) 51+8

(14) 34+4

(15) 12+6

(16) 52+4

(17) 81+7

(18) 43+6

(19) 7+62

(20) 6+32

(21) 4+45

 가로셈을 세로셈으로 고쳐 계산하시오.

(1) 43+5

(2) 41+7

(3) 15+4

(4) 60+7

(5) 62+7

(6) 71+6

(7) 84+4

(8) 35+2

(9) 57+1

(10) 2+66

(11) 4+42

(12) 6+23

➕ 가로셈을 세로셈으로 고쳐 계산하시오.

(13) 81+4

(14) 50+9

(15) 51+8

(16) 32+7

(17) 16+2

(18) 75+3

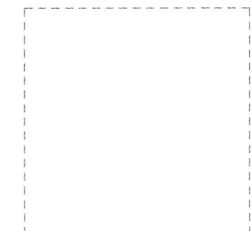

(19) 61+6

(20) 53+6

(21) 30+9

(22) 3+44

(23) 2+73

(24) 5+32

9차시 받아올림이 없는 (두 자리 수) + (한 자리 수)

2단계

● 빈칸에 알맞은 수를 써넣으시오.

(1)

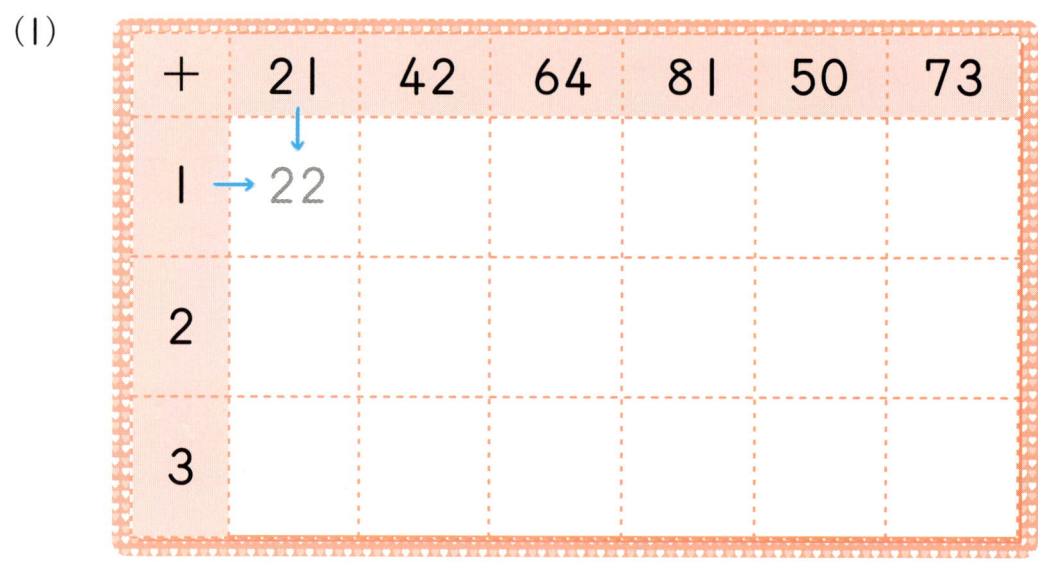

+	21	42	64	81	50	73
1	22					
2						
3						

(2)

+	30	82	54	73	62	93
3						
2						
5						

 꼭꼭 가로 줄의 수와 세로 줄의 수를 더하여 빈칸에 써넣도록 합니다. 지금까지 충분한 연습을 하였으므로 따로 식을 세우지 말고 암산으로 하도록 합니다.

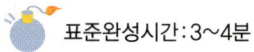

1주

❖ 빈칸에 알맞은 수를 써넣으시오.

(3)

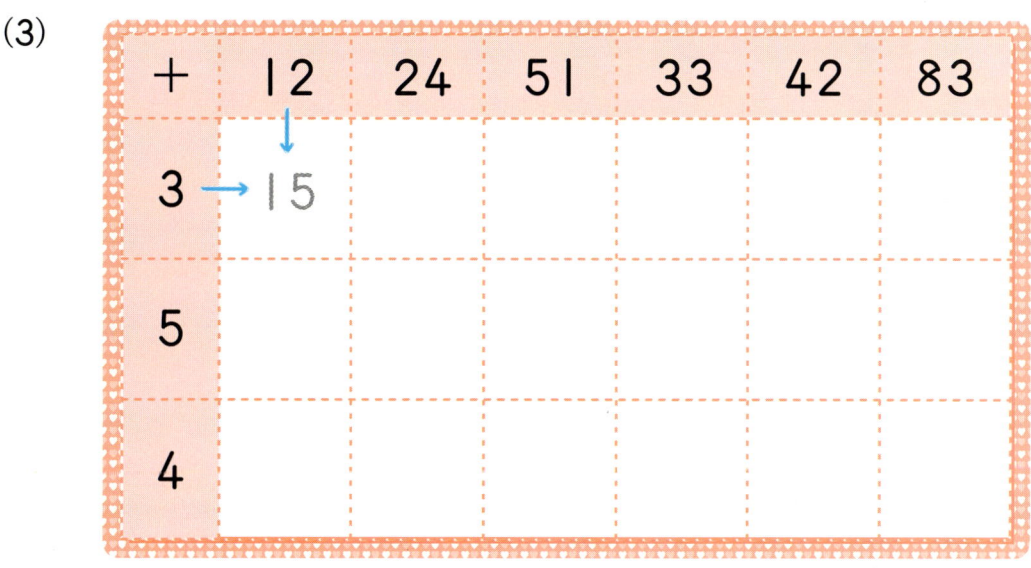

+	12	24	51	33	42	83
3	15					
5						
4						

(4)

+	44	21	32	70	84	81
4						
1						
5						

받아올림이 없는 (두 자리 수) + (한 자리 수)

 빈칸에 알맞은 수를 써넣으시오.

10	20	40	70	50	90
+3	+1	+2	+2	+3	+1
13					
+2	+3	+2	+3	+1	+2
15					
+1	+2	+3	+1	+2	+3
+3	+1	+1	+1	+2	+3

❖ 빈칸에 알맞은 수를 써넣으시오.

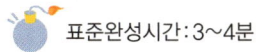

31	50	21	41	60	82
+1	+2	+2	+3	+3	+1
32					
+1	+3	+3	+2	+1	+3
33					
+2	+1	+1	+1	+4	+2
+4	+2	+1	+2	+1	+1

11차시　받아올림이 없는
(두 자리 수) + (한 자리 수)

3단계

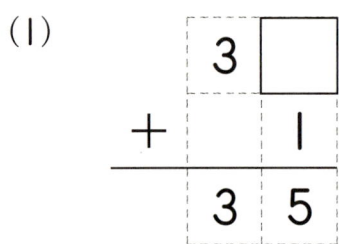 □ 안에 알맞은 수를 써넣으시오.

(1)
```
    3 □
  +   1
  ─────
    3 5
```
어떤 수에
1을 더하면
5가 되는지
알아봅니다.

(2)
```
    1 □
  +   2
  ─────
    1 5
```

(3)
```
    7 3
  +   □
  ─────
    7 7
```
3에 어떤 수를
더하면
7이 되는지
알아봅니다.

(4)
```
    4 2
  +   □
  ─────
    4 4
```

(5)
```
    6 □
  +   3
  ─────
    6 9
```

(6)
```
    8 □
  +   4
  ─────
    8 8
```

(7)
```
    5 2
  +   □
  ─────
    5 7
```

(8)
```
    2 0
  +   □
  ─────
    2 7
```

 일의 자리의 계산에서 □+(어떤 수) 또는 (어떤 수)+□의 결과를 보고 어떤 수를 구하는 학습입니다. 이 과정은 덧셈과 뺄셈의 관계를 자연스럽게 익히는 과정이므로 계산 과정을 제시하지 않고, 어린이 스스로 방법을 터득하여 풀도록 지도합니다.

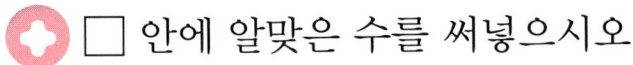

표준완성시간 : 2~3분

1주

❁ □ 안에 알맞은 수를 써넣으시오.

(9)
```
    1 □
  +   2
  -----
    1 6
```

(10)
```
    3 □
  +   3
  -----
    3 8
```

(11)
```
    2 4
  +   □
  -----
    □ 6
```

(12)
```
    2 8
  +   □
  -----
    □ 9
```

(13)
```
    3 □
  +   2
  -----
    □ 7
```

(14)
```
    4 □
  +   2
  -----
    □ 5
```

(15)
```
    4 3
  +   □
  -----
    □ 7
```

(16)
```
    6 2
  +   □
  -----
    □ 9
```

(17)
```
      7
  + □ 1
  -----
    6 □
```

(18)
```
      5
  + □ 3
  -----
    5 □
```

➕ ☐ 안에 알맞은 수를 써넣으시오.

(1) $43 + \boxed{} = 48$

(2) $3\boxed{} + 2 = 35$

(3) $81 + \boxed{} = 88$

(4) $7\boxed{} + 5 = 77$

(5) $50 + \boxed{} = 56$

(6) $7\boxed{} + 8 = 79$

(7) $24 + \boxed{} = 27$

(8) $1\boxed{} + 7 = 19$

(9) $13 + \boxed{} = 18$

(10) $6\boxed{} + 8 = 68$

(11) $55 + \boxed{} = 58$

(12) $3\boxed{} + 5 = 37$

(13) $41 + \boxed{} = 48$

(14) $7\boxed{} + 9 = 79$

(15) $22 + \boxed{} = 28$

(16) $8\boxed{} + 3 = 86$

1주

⬥ □ 안에 알맞은 수를 써넣으시오.

(17) $3\boxed{}+3=37$

(18) $2+3\boxed{}=38$

(19) $4\boxed{}+1=49$

(20) $4+4\boxed{}=48$

(21) $32+\boxed{}=36$

(22) $\boxed{}+27=29$

(23) $56+\boxed{}=59$

(24) $\boxed{}+15=18$

(25) $\boxed{}7+\boxed{}=59$

(26) $\boxed{}+\boxed{}6=28$

(27) $\boxed{}5+\boxed{}=68$

(28) $\boxed{}+\boxed{}4=38$

(29) $\boxed{}+5=18$

(30) $3+\boxed{}=17$

(31) $\boxed{}+2=47$

(32) $1+\boxed{}=38$

받아올림이 없는 (두 자리 수) + (두 자리 수)

학습 체크표 매일 학습이 끝나면 채점을 하고 체크표를 작성하여 나의 실력을 알아보세요.

차시	단계	공부한 날	잘 했나요?
13차시	1단계	월 일	😊 🙂 😐 😣
14차시		월 일	😊 🙂 😐 😣
15차시		월 일	😊 🙂 😐 😣
16차시		월 일	😊 🙂 😐 😣
17차시		월 일	😊 🙂 😐 😣
18차시		월 일	😊 🙂 😐 😣
19차시		월 일	😊 🙂 😐 😣
20차시		월 일	😊 🙂 😐 😣
21차시	2단계	월 일	😊 🙂 😐 😣
22차시		월 일	😊 🙂 😐 😣
23차시	3단계	월 일	😊 🙂 😐 😣
24차시		월 일	😊 🙂 😐 😣

틀린 개수가

0~1개이면 😊 (아주 잘함)에, 2~3개이면 🙂 (잘함)에,

4~5개이면 😐 (보통)에, 6개 이상이면 😣 (노력 바람)에 색칠해 주세요.

학습목표 받아올림이 없는 (두 자리 수)＋(두 자리 수)의 계산을 여러 가지 방법으로 해결하고 덧셈의 기초를 다집니다.

우리가 키운 방울토마토야~

멋져!

방울토마토들은 몇 개씩 열렸어?

내 건 22개~

내 건 14개야~

그럼 둘이 합하면 모두 몇 개지?

몇 개지?

글쎄…

앗! 질문해 놓고 몰래 먹고 있어!

앙~

와아~

22개와~

14개를 더해 보자~

22 ＋ 14

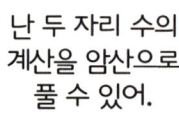

난 두 자리 수의 계산을 암산으로 풀 수 있어.

암산이 뭐야?

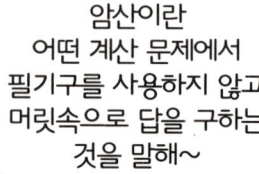

암산이란 어떤 계산 문제에서 필기구를 사용하지 않고 머릿속으로 답을 구하는 것을 말해~

그럼 방울토마토가 모두 몇 개인지 암산으로 계산해 볼까?

22+14=22+10+4=32+4=36

이것처럼 22에 10을 먼저 더하고 나머지 4를 더하는 계산 방법이 있고~

22+14=20+2+10+4=20+10+2+4=30+6=36

이것처럼 22를 20과 2로 나누고 14를 10과 4로 나누어서 20과 10을 더하고, 2와 4를 더해서 그 결과를 더하는 방법도 있지.

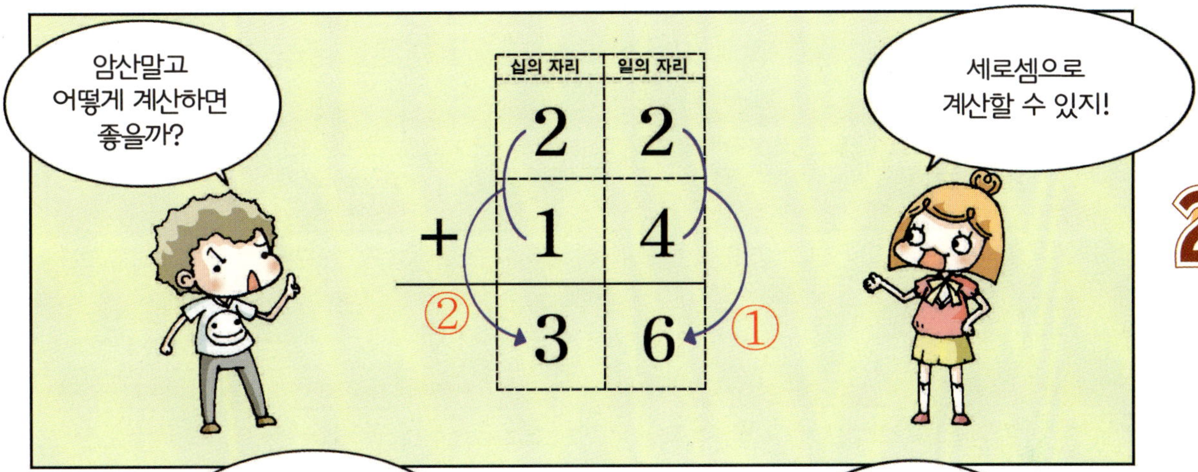

십의 자리	일의 자리
2	2
+ 1	4
② 3	6 ①

암산말고 어떻게 계산하면 좋을까?

세로셈으로 계산할 수 있지!

일의 자리 수는 일의 자리 수끼리, 십의 자리 수는 십의 자리 수끼리 계산해~

방울토마토 36개가 있어야 하는 데 네가 먹어서 모자라잖아~

$$
\begin{array}{r}
2\ 2 \\
+\ 1\ 4 \\
\hline
\end{array}
\quad\rightarrow\quad
\begin{array}{r}
2\ \textcolor{red}{2} \\
+\ 1\ \textcolor{red}{4} \\
\hline
\textcolor{red}{6}
\end{array}
\quad\rightarrow\quad
\begin{array}{r}
\textcolor{blue}{2}\ 2 \\
+\ \textcolor{blue}{1}\ 4 \\
\hline
\textcolor{blue}{3}\ 6
\end{array}
$$

① 일의 자리 수끼리 더해서 일의 자리에 씁니다.
② 십의 자리 수끼리 더해서 십의 자리에 씁니다.

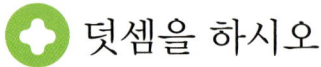

✿ 덧셈을 하시오.

(1)

```
  1 0
+ 4 4
─────
  5 4
```

① 일의 자리 계산
  0+4=4
② 십의 자리 계산
  1+4=5

(2)

```
  1 0
+ 7 0
─────
```

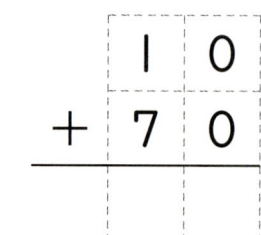

(3)

```
  1 7
+ 3 2
─────
```

① 일의 자리 계산
  7+2=9
② 십의 자리 계산
  1+3=4

(4)

```
  1 6
+ 5 3
─────
```

(5)

```
  2 5
+ 3 1
─────
```

① 일의 자리 계산
  5+1=6
② 십의 자리 계산
  2+3=5

(6)

```
  2 2
+ 5 0
─────
```

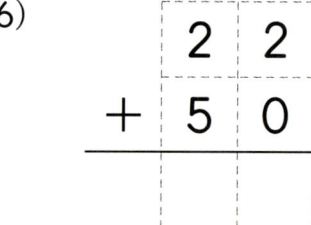
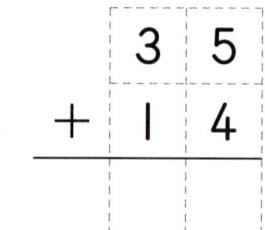

(7)

```
  3 4
+ 6 3
─────
```

① 일의 자리 계산
  4+3=7
② 십의 자리 계산
  3+6=9

(8)

```
  3 5
+ 1 4
─────
```

꼭꼭 받아올림이 없는 (두 자리 수)+(두 자리 수)의 계산은 일의 자리 수끼리 더하여 일의 자리에 쓰고, 십의 자리 수끼리 더하여 십의 자리에 씁니다.

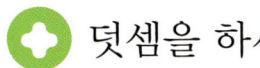 덧셈을 하시오.

(9)
```
    3 0
+   5 0
─────────
```

(10)
```
    1 2
+   3 0
─────────
```

(11)
```
    4 3
+   2 5
─────────
```

(12)
```
    3 3
+   6 4
─────────
```

(13)
```
    1 2
+   3 6
─────────
```

(14)
```
    7 0
+   2 7
─────────
```

(15)
```
    2 4
+   5 0
─────────
```

(16)
```
    5 3
+   1 2
─────────
```

(17)
```
    1 5
+   2 3
─────────
```

(18)
```
    3 7
+   4 2
─────────
```

 덧셈을 하시오.

(1)
```
    4 4
  + 2 3
```

(2)
```
    2 6
  + 5 3
```

(3)
```
    3 1
  + 3 4
```

(4)
```
    3 4
  + 2 4
```

(5)
```
    1 5
  + 1 4
```

(6)
```
    5 0
  + 1 6
```

(7)
```
    3 4
  + 4 5
```

(8)
```
    1 2
  + 6 5
```

(9)
```
    2 4
  + 3 0
```

(10)
```
    4 5
  + 3 2
```

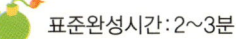
 덧셈을 하시오.

(11)
```
  4 8
+ 3 1
-----
```

(12)
```
  3 6
+ 1 2
-----
```

(13)
```
  2 2
+ 3 5
-----
```

(14)
```
  4 4
+ 2 5
-----
```

(15)
```
  7 0
+ 1 6
-----
```

(16)
```
  4 5
+ 1 3
-----
```

(17)
```
  6 3
+ 3 2
-----
```

(18)
```
  4 7
+ 5 2
-----
```

(19)
```
  1 3
+ 2 4
-----
```

(20)
```
  4 5
+ 3 4
-----
```

 덧셈을 하시오.

(1)
```
   4 2
 + 3 6
```
① 일의 자리 계산
    2+6=8
② 십의 자리 계산
    4+3=7

(2)
```
   4 3
 + 2 4
```

(3)
```
   5 1
 + 3 7
```

(4)
```
   5 6
 + 1 2
```

(5)
```
   8 5
 + 1 2
```

(6)
```
   2 0
 + 3 8
```

(7)
```
   3 3
 + 2 5
```

(8)
```
   4 5
 + 3 2
```

(9)
```
   4 6
 + 2 1
```

(10)
```
   5 3
 + 3 5
```

 받아올림이 없는 (두 자리 수)+(두 자리 수)의 계산은 일의 자리 수끼리 더하여 일의 자리에 쓰고,
십의 자리 수끼리 더하여 십의 자리에 씁니다.

덧셈을 하시오.

(11)
```
    2 4
+   5 2
```

(12)
```
    2 4
+   6 3
```

(13)
```
    4 2
+   1 7
```

 **2**주

(14)
```
    1 5
+   4 2
```

(15)
```
    3 4
+   3 2
```

(16)
```
    8 1
+   1 6
```

(17)
```
    6 4
+   2 5
```

(18)
```
    3 4
+   3 3
```

(19)
```
    5 2
+   4 6
```

(20)
```
    4 6
+   3 1
```

(21)
```
    2 0
+   5 2
```

(22)
```
    5 3
+   4 5
```

(23)
```
    3 1
+   2 5
```

(24)
```
    2 3
+   5 2
```

(25)
```
    6 3
+   2 0
```

○ 덧셈을 하시오.

(1)
```
  2 5
+ 4 2
```

(2)
```
  1 1
+ 3 2
```

(3)
```
  2 3
+ 5 1
```

(4)
```
  4 4
+ 5 1
```

(5)
```
  6 4
+ 3 5
```

(6)
```
  5 2
+ 1 4
```

(7)
```
  7 5
+ 2 4
```

(8)
```
  6 0
+ 1 9
```

(9)
```
  2 3
+ 6 4
```

(10)
```
  2 1
+ 7 2
```

(11)
```
  5 0
+ 1 4
```

(12)
```
  4 3
+ 3 0
```

(13)
```
  2 1
+ 2 7
```

(14)
```
  6 2
+ 2 1
```

(15)
```
  1 0
+ 5 3
```

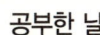

 덧셈을 하시오.

(16)　　3 2
　　　 + 2 5

(17)　　6 4
　　　 + 1 2

(18)　　3 4
　　　 + 4 2

(19)　　7 0
　　　 + 2 9

(20)　　3 2
　　　 + 4 2

(21)　　1 6
　　　 + 3 2

(22)　　2 2
　　　 + 3 4

(23)　　4 0
　　　 + 2 5

(24)　　5 1
　　　 + 3 6

(25)　　5 3
　　　 + 3 2

(26)　　7 6
　　　 + 1 3

(27)　　6 1
　　　 + 2 4

(28)　　3 5
　　　 + 1 3

(29)　　2 6
　　　 + 4 0

(30)　　4 2
　　　 + 3 3

➕ 덧셈을 하시오.

(1) $32+26=$ ☐

     30   2   20   6
       50   8
         58

① 32를 30과 2로 나누고, 26을 20
   과 6으로 나눕니다.
② $30+20=50$
③ $2+6=8$
④ $50+8=58$

$$32+26=30+2+20+6=30+20+2+6=50+8=58$$

(2) $45+23=$ ☐

     40   5   20   3
       60   8
         68

(3) $21+18=$ ☐

     20   1   10   8
       30   9
         39

(4) $22+25=$ ☐

(5) $31+57=$ ☐

(6) $34+45=$ ☐

(7) $72+14=$ ☐

 꼭꼭   몇십 몇을 몇십과 몇으로 나누어 몇십끼리 더하고, 몇끼리 더하여 몇십과 몇을 더하는 방법입니다.
충분한 연습을 한 후 암산으로 해결할 수 있도록 합니다.
(몇십 몇)+(몇십 몇) ⇨ (몇십)+(몇십)+(몇)+(몇) ⇨ (몇십)+(몇) ⇨ (몇십 몇)

 덧셈을 하시오.

(8)　56＋23＝ ▢

(9)　74＋12＝ ▢

(10)　71＋16＝ ▢

(11)　62＋25＝ ▢

(12)　13＋36＝ ▢

(13)　33＋25＝ ▢

(14)　42＋34＝ ▢

(15)　53＋14＝ ▢

(16)　26＋42＝ ▢

(17)　11＋81＝ ▢

(18)　16＋11＝ ▢

(19)　21＋75＝ ▢

  **1**단계

🍀 덧셈을 하시오.

(1) 35＋24＝ ☐

① 24는 20과 4이므로
② 35에 20을 먼저 더하고, 4를 더합니다.
　35＋20＝55,
　55＋4＝59

55
59

35＋20＝55
55＋4＝59

(2) 36＋43＝ ☐

76
79

(3) 82＋14＝ ☐

92
96

(4) 72＋15＝ ☐

(5) 64＋23＝ ☐

(6) 31＋47＝ ☐

(7) 52＋36＝ ☐

 몇십 몇에 몇십을 먼저 더한 후, 몇을 더하는 방법입니다.
충분한 연습을 한 후 암산으로 해결할 수 있도록 합니다.
(몇십 몇)+(몇십 몇) ⇨ (몇십 몇)+(몇십)+(몇) ⇨ (몇십 몇)+(몇) ⇨ (몇십 몇)

➕ 덧셈을 하시오.

(8)　$43+25=$ ⬜

①
②

머릿속에서 43과 20을 먼저 더하고
그 결과에 5를 더합니다.

2주

(9)　$36+12=$ ⬜

(10)　$71+16=$ ⬜　　(11)　$22+36=$ ⬜

(12)　$41+25=$ ⬜　　(13)　$70+17=$ ⬜

(14)　$33+45=$ ⬜　　(15)　$41+23=$ ⬜

(16)　$32+23=$ ⬜　　(17)　$24+53=$ ⬜

(18)　$36+11=$ ⬜　　(19)　$43+42=$ ⬜

19 차시 받아올림이 없는 (두 자리 수)+(두 자리 수)

 1 단계

 가로셈을 세로셈으로 고쳐 계산하시오.

(1) 64+23

```
    6 4
+   2 3
───────
```

(2) 43+41

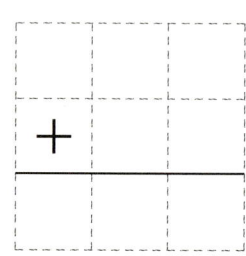

(3) 75+12

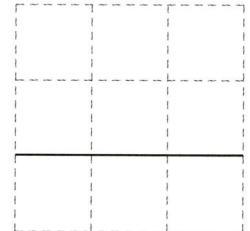

(4) 32+53

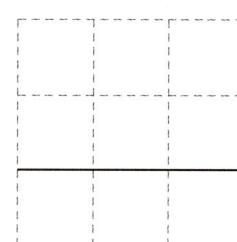

(5) 24+32

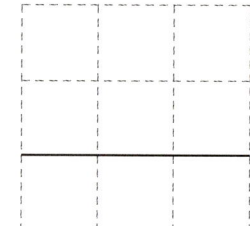

(6) 31+26

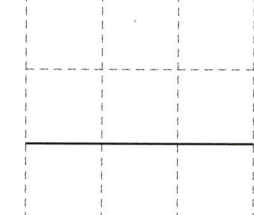

(7) 22+35

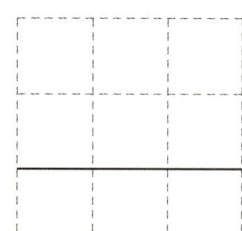

(8) 43+24

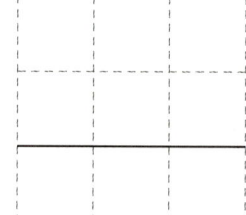

(9) 60+19

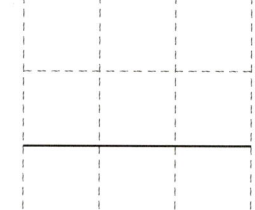

 가로셈을 세로셈으로 고쳐 계산할 때에는 자리를 맞추어 쓰고 일의 자리, 십의 자리의 순서로 계산합니다.

✿ 가로셈을 세로셈으로 고쳐 계산하시오.

(10) 40+23

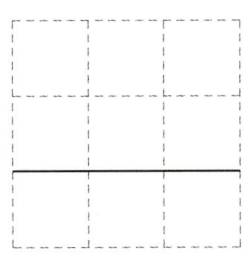

(11) 72+23

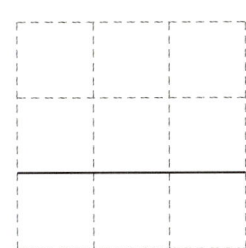

(12) 34+42

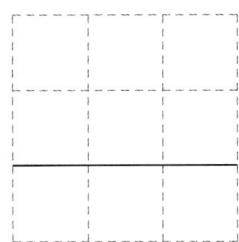

(13) 51+43

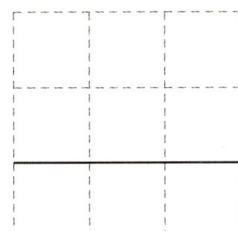

(14) 34+25

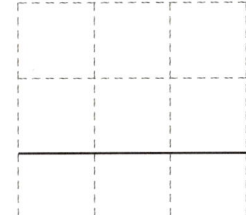

(15) 12+32

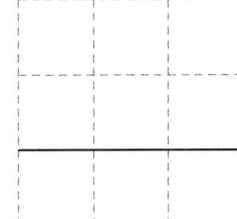

(16) 52+25

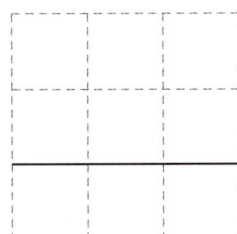

(17) 21+34

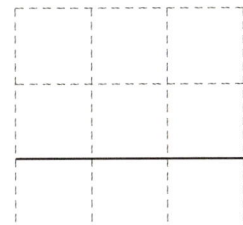

(18) 43+32

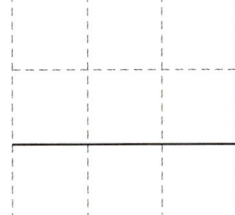

(19) 34+12

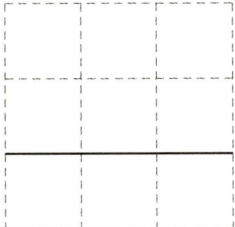

(20) 25+32

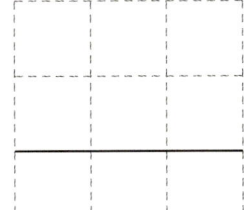

(21) 32+45

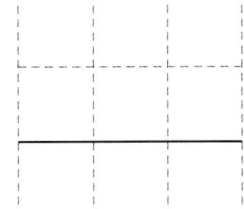

 가로셈을 세로셈으로 고쳐 계산하시오.

(1) 43+23

(2) 41+15

(3) 15+43

(4) 60+26

(5) 62+12

(6) 71+24

(7) 24+54

(8) 35+23

(9) 51+47

(10) 24+65

(11) 15+42

(12) 31+23

가로셈을 세로셈으로 고쳐 계산하시오.

(13) 43＋42

(14) 50＋35

(15) 51＋23

2주

(16) 32＋56

(17) 16＋21

(18) 75＋14

(19) 61＋22

(20) 52＋35

(21) 30＋46

(22) 32＋44

(23) 15＋73

(24) 44＋32

받아올림이 없는 (두 자리 수) + (두 자리 수)

2단계

● 빈칸에 알맞은 수를 써넣으시오.

(1)

+	21	12	34	41	20	33
11	32					
22						
33						

(2)

+	30	22	34	21	13	42
23						
41						
12						

가로 줄의 수와 세로 줄의 수를 더하여 빈칸에 써넣도록 합니다. 지금까지 충분한 연습을 하였으므로 따로 식을 세우지 말고 암산으로 하도록 합니다.

✚ 빈칸에 알맞은 수를 써넣으시오.

(3)

+	12	24	10	31	42	23
23						
11						
15						

(4)

+	44	21	32	13	20	44
52						
24						
35						

2주

● 빈칸에 알맞은 수를 써넣으시오.

11	23	30	13	22	31
+12	+21	+13	+31	+11	+10
23					
+21	+23	+31	+11	+30	+12
44					
+23	+20	+11	+30	+12	+23
+20	+12	+10	+12	+23	+23

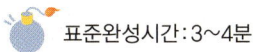 빈칸에 알맞은 수를 써넣으시오.

11	23	12	10	21	32
+12	+21	+23	+20	+13	+31
+31	+12	+21	+23	+20	+12
+12	+31	+12	+21	+23	+10
+10	+12	+21	+12	+21	+13

받아올림이 없는 (두 자리 수)+(두 자리 수)

3 단계

 □ 안에 알맞은 숫자를 써넣으시오.

(1)

```
    3  □
  +    1
  ─────
    5  5
```

일의 자리에서
어떤 수에 1을
더하면 5가 되는지,
십의 자리에서
3에 어떤 수를 더하면
5가 되는지 알아봅니다.

(2)

```
    1  □
  +    2
  ─────
    6  5
```

(3)

```
    □  3
  + 7  □
  ─────
    8  7
```

일의 자리에서
3에 어떤 수를
더하면 7이 되는지,
십의 자리에서
어떤 수에 7을 더하면
8이 되는지 알아봅니다.

(4)

```
    □  2
  + 4  □
  ─────
    7  4
```

(5)

```
    □  □
  + 3  3
  ─────
    9  9
```

(6)

```
    □  □
  + 4  4
  ─────
    8  8
```

(7)

```
    5  3
  + □  □
  ─────
    6  7
```

(8)

```
    2  0
  + □  □
  ─────
    8  7
```

 일의 자리, 십의 자리의 계산에서 □+(어떤 수) 또는 (어떤 수)+□의 결과를 보고 어떤 수를 구하는 학습입니다. 어린이 스스로 문제 해결 방법을 찾아내어 풀 수 있도록 하고, 덧셈과 뺄셈의 관계에 대해서도 생각해 보게 합니다.

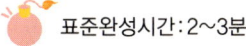 □ 안에 알맞은 숫자를 써넣으시오.

(9)
```
    1 □
  +   2
  ─────
    7 6
```

(10)
```
    3 □
  +   3
  ─────
    5 8
```

(11)
```
    □ 4
  + 3 □
  ─────
    5 6
```

(12)
```
    □ 8
  + 2 □
  ─────
    7 9
```

(13)
```
    □ □
  + 5 2
  ─────
    8 7
```

(14)
```
    □ □
  + 1 2
  ─────
    5 5
```

(15)
```
    4 3
  + □ □
  ─────
    8 7
```

(16)
```
    6 2
  + □ □
  ─────
    7 9
```

(17)
```
    2 □
  + □ 1
  ─────
    6 8
```

(18)
```
    4 □
  + □ 3
  ─────
    5 8
```

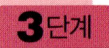
✚ ☐ 안에 알맞은 숫자를 써넣으시오.

(1) $23 +$ ☐|☐ $= 48$ (2) 3☐$+$☐$2 = 85$

(3) $11 +$ ☐|☐ $= 88$ (4) 1☐$+$☐$5 = 77$

(5) $30 +$ ☐|☐ $= 56$ (6) 4☐$+$☐$8 = 79$

(7) $24 +$ ☐|☐ $= 57$ (8) 1☐$+$☐$8 = 99$

(9) $13 +$ ☐|☐ $= 48$ (10) 2☐$+$☐$8 = 68$

(11) $25 +$ ☐|☐ $= 58$ (12) 3☐$+$☐$5 = 67$

(13) $41 +$ ☐|☐ $= 78$ (14) 3☐$+$☐$9 = 79$

(15) $22 +$ ☐|☐ $= 68$ (16) 3☐$+$☐$3 = 86$

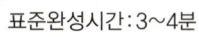
 🌸 □ 안에 알맞은 숫자를 써넣으시오.

(17) $3\boxed{}+\boxed{}3=67$ (18) $\boxed{}2+3\boxed{}=58$

(19) $4\boxed{}+\boxed{}1=79$ (20) $\boxed{}4+4\boxed{}=68$

(21) $32+\boxed{|}=56$ (22) $\boxed{|}+27=89$

(23) $56+\boxed{|}=79$ (24) $\boxed{|}+15=68$

(25) $\boxed{}7+2\boxed{}=99$ (26) $4\boxed{}+\boxed{}6=78$

(27) $\boxed{}2+1\boxed{}=48$ (28) $3\boxed{}+\boxed{}4=58$

(29) $\boxed{|}+42=79$ (30) $23+\boxed{|}=89$

(31) $\boxed{|}+15=48$ (32) $41+\boxed{|}=88$

 **3**주 받아내림이 없는 (두 자리 수) − (한 자리 수)

학습 체크표 매일 학습이 끝나면 채점을 하고 체크표를 작성하여 나의 실력을 알아보세요.

차시	단계	공부한 날	잘 했나요?			
25차시	1단계	월 일	☺	☺	😐	😣
26차시		월 일	☺	☺	😐	😣
27차시		월 일	☺	☺	😐	😣
28차시		월 일	☺	☺	😐	😣
29차시		월 일	☺	☺	😐	😣
30차시		월 일	☺	☺	😐	😣
31차시		월 일	☺	☺	😐	😣
32차시		월 일	☺	☺	😐	😣
33차시	2단계	월 일	☺	☺	😐	😣
34차시		월 일	☺	☺	😐	😣
35차시	3단계	월 일	☺	☺	😐	😣
36차시		월 일	☺	☺	😐	😣

틀린 개수가

0~1 개이면 ☺ (아주 잘함)에, 2~3 개이면 ☺ (잘함)에,

4~5 개이면 😐 (보통)에, 6 개 이상이면 😣 (노력 바람)에 색칠해 주세요.

만화로 개념 알아보기

받아내림이 없는 (두 자리 수)－(한 자리 수)의 계산을 여러 가지 방법으로 해결하고 뺄셈의
기초를 다집니다.

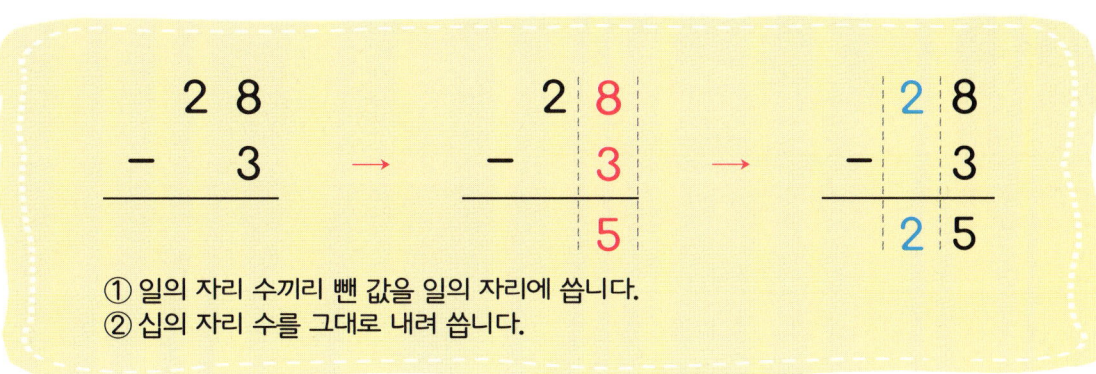

① 일의 자리 수끼리 뺀 값을 일의 자리에 씁니다.
② 십의 자리 수를 그대로 내려 씁니다.

➕ 뺄셈을 하시오.

(1)
```
    6 8
  ―   6
  ─────
      2
```
① 일의 자리 계산
   8−6=2
② 십의 자리 수
   6을 내려씁니다.

(2)
```
    5 7
  ―   3
  ─────
```

(3)
```
    7 8
  ―   5
  ─────
```
① 일의 자리 계산
   8−5=3
② 십의 자리 수
   7을 내려씁니다.

(4)
```
    4 9
  ―   5
  ─────
```

(5)
```
    2 5
  ―   4
  ─────
```
① 일의 자리 계산
   5−4=1
② 십의 자리 수
   2를 내려씁니다.

(6)
```
    3 7
  ―   2
  ─────
```

(7)
```
    6 9
  ―   4
  ─────
```
① 일의 자리 계산
   9−4=5
② 십의 자리 수
   6을 내려씁니다.

(8)
```
    5 8
  ―   4
  ─────
```

 꼭꼭   받아내림이 없는 (두 자리 수)―(한 자리 수)의 계산은 일의 자리 수끼리 뺀 값을 일의 자리에 쓰고,
십의 자리의 수는 그대로 내려씁니다.

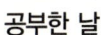
빼셈을 하시오.

(9)
```
   3 5
 -   4
─────────
```

(10)
```
   2 8
 -   3
─────────
```

(11)
```
   4 7
 -   6
─────────
```

(12)
```
   3 9
 -   3
─────────
```

(13)
```
   6 8
 -   2
─────────
```

(14)
```
   7 7
 -   5
─────────
```

(15)
```
   7 6
 -   4
─────────
```

(16)
```
   5 9
 -   2
─────────
```

(17)
```
   2 8
 -   5
─────────
```

(18)
```
   8 6
 -   5
─────────
```

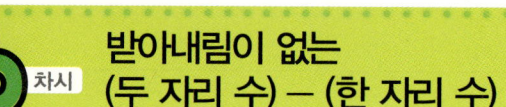

➕ 뺄셈을 하시오.

(1)
```
    8 7
  −   3
  ─────
```

(2)
```
    2 8
  −   6
  ─────
```

(3)
```
    7 8
  −   4
  ─────
```

(4)
```
    4 9
  −   4
  ─────
```

(5)
```
    7 4
  −   1
  ─────
```

(6)
```
    5 9
  −   2
  ─────
```

(7)
```
    3 6
  −   4
  ─────
```

(8)
```
    5 6
  −   1
  ─────
```

(9)
```
    6 8
  −   3
  ─────
```

(10)
```
    5 8
  −   2
  ─────
```

🍀 뺄셈을 하시오.

(11)
```
    6 9
 -    1
```

(12)
```
    3 8
 -    6
```

(13)
```
    2 8
 -    5
```

(14)
```
    8 9
 -    5
```

(15)
```
    7 9
 -    6
```

(16)
```
    5 8
 -    7
```

(17)
```
    6 7
 -    1
```

(18)
```
    4 6
 -    2
```

(19)
```
    2 7
 -    4
```

(20)
```
    3 6
 -    3
```

 받아내림이 없는
(두 자리 수) − (한 자리 수)

1 단계

⊕ 뺄셈을 하시오.

(1)
```
    4 6
−     4
───────
```
① 일의 자리 계산
  6−4=2
② 십의 자리 수
  4를 그대로 내려씁니다.

(2)
```
    4 8
−     3
───────
```

(3)
```
    5 9
−     7
───────
```

(4)
```
    9 9
−     6
───────
```

(5)
```
    8 7
−     5
───────
```

(6)
```
    7 6
−     5
───────
```

(7)
```
    5 9
−     4
───────
```

(8)
```
    6 9
−     5
───────
```

(9)
```
    4 8
−     7
───────
```

(10)
```
    5 9
−     1
───────
```

 받아내림이 없는 (두 자리 수)−(한 자리 수)의 계산은 일의 자리 수끼리 뺀 값을 일의 자리에 쓰고,
십의 자리의 수는 그대로 내려씁니다.

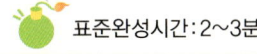

 뺄셈을 하시오.

(11)
```
  8 8
-   7
```

(12)
```
  4 7
-   3
```

(13)
```
  9 8
-   7
```

(14)
```
  6 4
-   2
```

(15)
```
  5 7
-   4
```

(16)
```
  6 6
-   3
```

(17)
```
  7 9
-   8
```

(18)
```
  4 5
-   3
```

(19)
```
  8 9
-   5
```

(20)
```
  3 8
-   7
```

(21)
```
  2 9
-   6
```

(22)
```
  6 5
-   1
```

28 차시 받아내림이 없는 (두 자리 수) − (한 자리 수)

 뺄셈을 하시오.

(1)
```
    2 7
  −   5
```

(2)
```
    6 8
  −   7
```

(3)
```
    7 6
  −   2
```

(4)
```
    8 8
  −   5
```

(5)
```
    9 9
  −   1
```

(6)
```
    4 5
  −   4
```

(7)
```
    5 3
  −   3
```

(8)
```
    8 7
  −   3
```

(9)
```
    6 7
  −   2
```

(10)
```
    3 6
  −   1
```

(11)
```
    8 4
  −   2
```

(12)
```
    3 9
  −   7
```

뺄셈을 하시오.

(13)
```
    4 9
  -   7
```

(14)
```
    7 7
  -   3
```

(15)
```
    5 6
  -   1
```

(16)
```
    8 4
  -   2
```

(17)
```
    9 7
  -   4
```

(18)
```
    4 8
  -   3
```

(19)
```
    2 5
  -   3
```

(20)
```
    6 8
  -   1
```

(21)
```
    3 4
  -   2
```

(22)
```
    8 6
  -   5
```

(23)
```
    2 9
  -   7
```

(24)
```
    5 6
  -   5
```

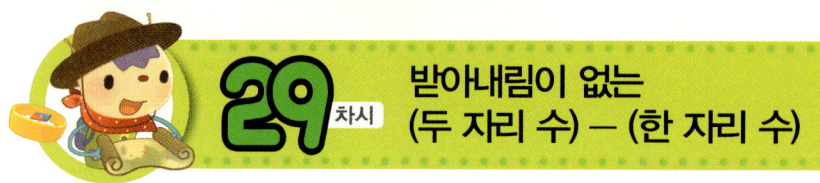

 뺄셈을 하시오.

(1)
```
   8 6
 −   2
```

(2)
```
   2 5
 −   4
```

(3)
```
   4 9
 −   3
```

(4)
```
   6 9
 −   1
```

(5)
```
   4 9
 −   2
```

(6)
```
   8 6
 −   3
```

(7)
```
   5 9
 −   2
```

(8)
```
   7 3
 −   1
```

(9)
```
   6 6
 −   4
```

(10)
```
   3 8
 −   6
```

(11)
```
   9 5
 −   2
```

(12)
```
   5 7
 −   2
```

(13)
```
   4 6
 −   3
```

(14)
```
   6 7
 −   3
```

(15)
```
   4 4
 −   1
```

♦ 뺄셈을 하시오.

(16)
```
  8 7
-   4
```

(17)
```
  2 6
-   1
```

(18)
```
  4 9
-   7
```

(19)
```
  7 9
-   2
```

(20)
```
  3 9
-   4
```

(21)
```
  8 8
-   5
```

(22)
```
  6 9
-   6
```

(23)
```
  7 7
-   2
```

(24)
```
  5 6
-   4
```

(25)
```
  4 8
-   6
```

(26)
```
  9 6
-   2
```

(27)
```
  5 8
-   1
```

(28)
```
  3 8
-   3
```

(29)
```
  5 6
-   3
```

(30)
```
  2 7
-   1
```

30 차시 받아내림이 없는
(두 자리 수) − (한 자리 수)

 뺄셈을 하시오.

(1)
```
  5 5
-   2
```

(2)
```
  7 7
-   3
```

(3)
```
  9 9
-   2
```

(4)
```
  7 8
-   5
```

(5)
```
  6 9
-   4
```

(6)
```
  8 7
-   5
```

(7)
```
  7 6
-   4
```

(8)
```
  6 6
-   3
```

(9)
```
  2 8
-   3
```

(10)
```
  2 6
-   1
```

(11)
```
  8 9
-   7
```

(12)
```
  4 9
-   3
```

(13)
```
  8 7
-   2
```

(14)
```
  9 6
-   3
```

(15)
```
  8 9
-   5
```

뺄셈을 하시오.

(16)
```
   3 7
 −   6
```

(17)
```
   6 8
 −   4
```

(18)
```
   3 9
 −   4
```

(19)
```
   7 7
 −   4
```

(20)
```
   3 8
 −   7
```

(21)
```
   8 7
 −   5
```

(22)
```
   6 6
 −   5
```

(23)
```
   4 9
 −   7
```

(24)
```
   5 8
 −   5
```

(25)
```
   5 8
 −   3
```

(26)
```
   7 8
 −   6
```

(27)
```
   1 7
 −   6
```

(28)
```
   8 3
 −   1
```

(29)
```
   8 9
 −   2
```

(30)
```
   3 9
 −   3
```

 뺄셈을 하시오.

(1) 48 − 3 = ⬜

① 48 = 40 + 8이므로 8에서 3을 빼고, 그 결과를 40에 더합니다.
② 8 − 3 = 5
③ 40 + 5 = 45

40   8
     5
  45

8 − 3 = 5
40 + 5 = 45

(2) 39 − 5 = ⬜

30   9
     4
  34

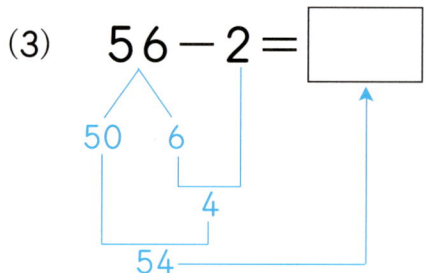
(3) 56 − 2 = ⬜

50   6
     4
  54

(4) 96 − 3 = ⬜

(5) 87 − 4 = ⬜

(6) 75 − 1 = ⬜

(7) 77 − 3 = ⬜

 꼭꼭
몇십 몇을 몇십과 몇으로 생각하고 몇에서 몇을 뺀 후 처음 몇십에 몇을 더하는 방법입니다. 충분한 연습을 한 후 암산으로 해결할 수 있도록 합니다.
(몇십 몇) − (몇) ⇨ (몇십) + (몇) − (몇) ⇨ (몇십) + (몇) ⇨ (몇십 몇)

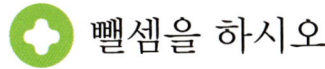
🍀 뺄셈을 하시오.

(8)　55 − 2 = ☐　　　　(9)　77 − 4 = ☐

(10)　78 − 5 = ☐　　　(11)　65 − 4 = ☐

(12)　86 − 3 = ☐　　　(13)　79 − 6 = ☐

(14)　49 − 8 = ☐　　　(15)　54 − 2 = ☐

(16)　97 − 5 = ☐　　　(17)　85 − 3 = ☐

(18)　78 − 1 = ☐　　　(19)　79 − 5 = ☐

✚ 뺄셈을 하시오.

(1)　28−2＝

(2)　86−4＝

(3)　49−1＝

(4)　74−2＝

(5)　77−4＝

(6)　28−3＝

(7)　56−4＝

(8)　49−5＝

(9)　96−4＝

(10)　83−1＝

(11)　47−5＝

(12)　84−3＝

(13)　39−5＝

(14)　97−5＝

(15)　75−3＝

(16)　49−2＝

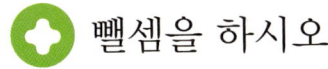

뺄셈을 하시오.

(17) $33-1=$

(18) $69-3=$

(19) $88-2=$

(20) $87-5=$

(21) $37-4=$

(22) $84-1=$

(23) $36-4=$

(24) $76-3=$

(25) $85-3=$

(26) $84-2=$

(27) $86-2=$

(28) $72-1=$

(29) $59-7=$

(30) $59-4=$

(31) $69-6=$

(32) $76-4=$

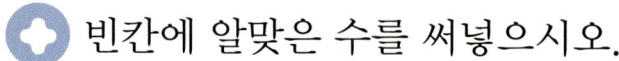 빈칸에 알맞은 수를 써넣으시오.

(1)

−	76	49	58	17	38	69
1	75					
2						
3						

(2)

−	28	89	95	57	76	18
2						
4						
3						

 가로 줄의 수에서 세로 줄의 수를 뺀 값을 빈칸에 써넣도록 합니다. 이 과정에서는 지금까지 충분한
연습을 하였으므로 따로 식을 세우지 말고 암산으로 하도록 합니다.

빈칸에 알맞은 수를 써넣으시오.

(3)

−	37	65	29	58	46	67
3						
5						
4						

(4)

−	46	69	48	96	75	87
1						
4						
5						

 빈칸에 알맞은 수를 써넣으시오.

19	29	49	39	79	99
−3	−1	−2	−3	−2	−1
16					
−2	−3	−2	−2	−3	−2
14					
−1	−2	−3	−1	−1	−3
13					
−2	−1	−1	−2	−1	−3

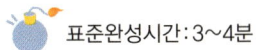

⬥ 빈칸에 알맞은 수를 써넣으시오.

38	59	98	28	69	88
−1	−2	−1	−2	−3	−1
−1	−3	−2	−3	−1	−3
−2	−1	−3	−1	−4	−2
−4	−2	−2	−1	−1	−1

○ □ 안에 알맞은 숫자를 써넣으시오.

(1)
```
   4 □
 −   5
 ─────
   4 2
```
어떤 수에서
5를 빼면
2가 되는지
알아봅니다.

(2)
```
   8 □
 −   6
 ─────
   8 2
```

(3)
```
   7 7
 −   □
 ─────
   7 0
```
7에서
어떤 수를 빼면
0이 되는지
알아봅니다.

(4)
```
   4 4
 −   □
 ─────
   4 1
```

(5)
```
   5 □
 −   2
 ─────
   5 4
```

(6)
```
   9 □
 −   2
 ─────
   9 7
```

(7)
```
   4 9
 −   □
 ─────
   4 6
```

(8)
```
   3 6
 −   □
 ─────
   3 3
```

 꼭꼭 일의 자리의 계산에서 □−(어떤 수) 또는 (어떤 수)−□의 결과를 보고 어떤 수를 구하는 학습입니다. 이 과정은 덧셈과 뺄셈의 관계를 자연스럽게 익히는 과정이므로 계산 과정을 제시하지 않고, 어린이 스스로 방법을 터득하여 풀도록 지도합니다.

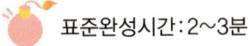

🍀 □ 안에 알맞은 숫자를 써넣으시오.

(9)
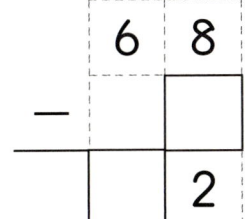

$$\begin{array}{r} 5\,\square \\ -4 \\ \hline 5\,5 \end{array}$$

(10)
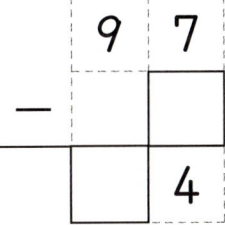

$$\begin{array}{r} 8\,\square \\ -2 \\ \hline 8\,4 \end{array}$$

(11)
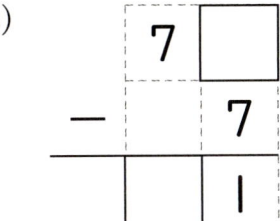

$$\begin{array}{r} 6\,8 \\ -\,\square\square \\ \hline \square\,2 \end{array}$$

(12)
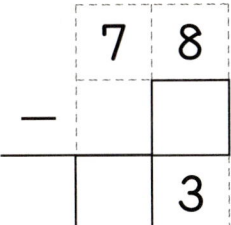

$$\begin{array}{r} 9\,7 \\ -\,\square\square \\ \hline \square\,4 \end{array}$$

(13)
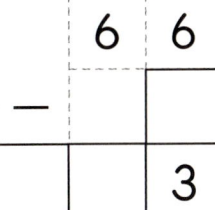

$$\begin{array}{r} 7\,\square \\ -7 \\ \hline \square\,1 \end{array}$$

(14)

$$\begin{array}{r} 4\,\square \\ -3 \\ \hline \square\,5 \end{array}$$

(15)
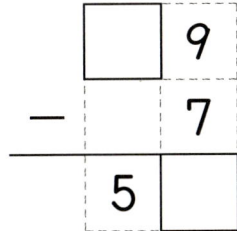

$$\begin{array}{r} 7\,8 \\ -\,\square\square \\ \hline \square\,3 \end{array}$$

(16)
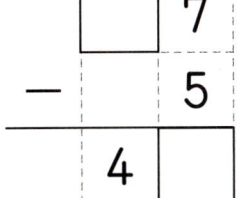

$$\begin{array}{r} 6\,6 \\ -\,\square\square \\ \hline \square\,3 \end{array}$$

(17)

$$\begin{array}{r} \square\,9 \\ -7 \\ \hline 5\,\square \end{array}$$

(18)

$$\begin{array}{r} \square\,7 \\ -5 \\ \hline 4\,\square \end{array}$$

**받아내림이 없는
(두 자리 수) − (한 자리 수)**

➕ ☐ 안에 알맞은 숫자를 써넣으시오.

(1) $48 - \boxed{} = 43$

(2) $3\boxed{} - 2 = 37$

(3) $87 - \boxed{} = 81$

(4) $7\boxed{} - 2 = 74$

(5) $58 - \boxed{} = 55$

(6) $7\boxed{} - 4 = 74$

(7) $27 - \boxed{} = 23$

(8) $6\boxed{} - 2 = 63$

(9) $99 - \boxed{} = 93$

(10) $6\boxed{} - 5 = 62$

(11) $56 - \boxed{} = 53$

(12) $7\boxed{} - 2 = 73$

(13) $46 - \boxed{} = 44$

(14) $7\boxed{} - 6 = 73$

(15) $88 - \boxed{} = 82$

(16) $8\boxed{} - 3 = 84$

 안에 알맞은 숫자를 써넣으시오.

(17) $3\boxed{}-3=35$

(18) $8\boxed{}-3=83$

(19) $8\boxed{}-3=81$

(20) $6\boxed{}-4=63$

(21) $69-\boxed{}=67$

(22) $57-\boxed{}=52$

(23) $56-\boxed{}=50$

(24) $69-\boxed{}=62$

(25) $\boxed{}7-\boxed{}=54$

(26) $\boxed{}5-\boxed{}=71$

(27) $\boxed{}5-\boxed{}=64$

(28) $\boxed{}6-\boxed{}=63$

(29) $\boxed{}-8=30$

(30) $\boxed{}-5=74$

(31) $\boxed{}-3=71$

(32) $\boxed{}-2=42$

4주 받아내림이 없는 (두 자리 수) − (두 자리 수)

학습 체크표 매일 학습이 끝나면 채점을 하고 체크표를 작성하여 나의 실력을 알아보세요.

차시	단계	공부한 날		잘 했나요?
37차시		월	일	😊 😊 😐 😣
38차시		월	일	😊 😊 😐 😣
39차시		월	일	😊 😊 😐 😣
40차시		월	일	😊 😊 😐 😣
41차시	1단계	월	일	😊 😊 😐 😣
42차시		월	일	😊 😊 😐 😣
43차시		월	일	😊 😊 😐 😣
44차시		월	일	😊 😊 😐 😣
45차시	2단계	월	일	😊 😊 😐 😣
46차시		월	일	😊 😊 😐 😣
47차시	3단계	월	일	😊 😊 😐 😣
48차시		월	일	😊 😊 😐 😣

틀린 개수가

0~1 개이면 😊 (아주 잘함)에, 2~3 개이면 😊 (잘함)에,

4~5 개이면 😐 (보통)에, 6 개 이상이면 😣 (노력 바람)에 색칠해 주세요.

만화로 개념 알아보기

학습목표 받아내림이 없는 (두 자리 수)−(두 자리 수)의 계산을 여러 가지 방법으로 해결하고 뺄셈의 기초를 다집니다.

앗! 아까운 팝콘을 비둘기한테 주다니!

쿵 쿵

쿵

무슨 짓이야!

비둘기가 26마리였는데 13마리가 날아갔잖아!

헤헤헤헤

이제 몇 마리 남았지?

그건 왜?

다 쫓아버리고 팝콘을 내가 먹을테닷!

너만 안 줄거야!

이것도 뺄셈으로 계산해야 하네~

내가 알려줄까?

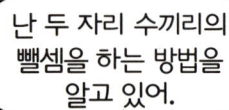

난 두 자리 수끼리의 뺄셈을 하는 방법을 알고 있어.

26 – 13

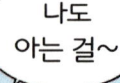

나도 아는 걸~

그럼 각자 아는 방법을 말해 볼까?

26-13=26-10-3=16-3=13

26에서 10을 먼저 빼고 다시 3을 빼는 방법이 있어~

26-13=26-3-10=23-10=13

26에서 3을 먼저 빼고 다시 10을 빼는 방법도 있어.

26-13=26-16+3=10+3=13

26과 일의 자리 수를 같게 하여 16을 빼고 다시 3을 더하는 방법도 있지~

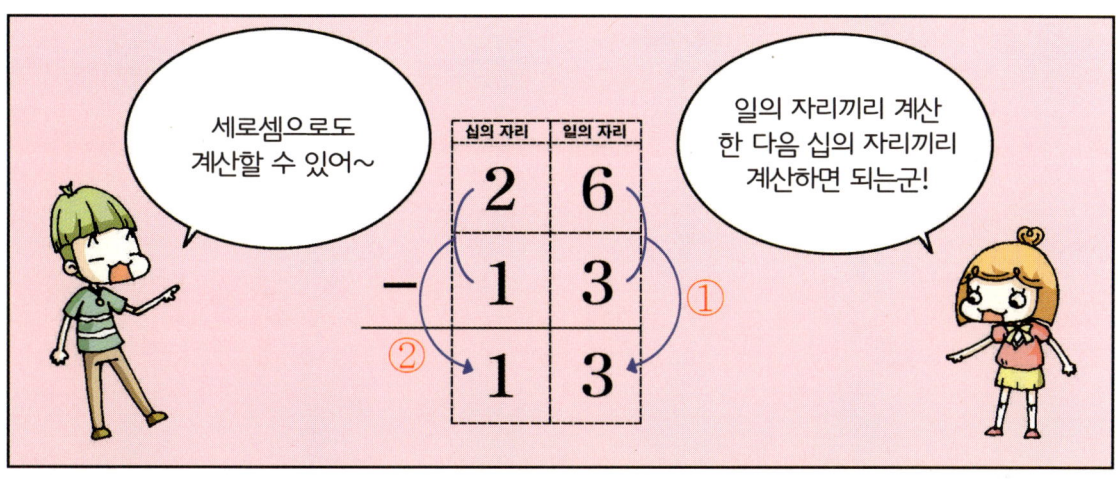

$$
\begin{array}{r}
2\ 6 \\
-\ 1\ 3 \\
\hline
\end{array}
\quad\rightarrow\quad
\begin{array}{r}
2\ 6 \\
-\ 1\ 3 \\
\hline
3
\end{array}
\quad\rightarrow\quad
\begin{array}{r}
2\ 6 \\
-\ 1\ 3 \\
\hline
1\ 3
\end{array}
$$

① 일의 자리 수끼리 먼저 계산합니다.
② 십의 자리 수끼리 계산을 한 다음 자리를 맞추어 씁니다.

 뺄셈을 하시오.

(1)

```
    6  8
 -  2  6
 ──────────
       2
```

① 일의 자리 계산
  8−6=2
② 십의 자리 계산
  6−2=4

(2)

```
    5  7
 -  1  3
 ──────────
```

(3)

```
    7  8
 -  4  5
 ──────────
```

① 일의 자리 계산
  8−5=3
② 십의 자리 계산
  7−4=3

(4)

```
    4  6
 -  2  2
 ──────────
```

(5)

```
    2  5
 -  1  4
 ──────────
```

① 일의 자리 계산
  5−4=1
② 십의 자리 계산
  2−1=1

(6)

```
    3  7
 -  2  5
 ──────────
```

(7)

```
    6  9
 -  3  4
 ──────────
```

① 일의 자리 계산
  9−4=5
② 십의 자리 계산
  6−3=3

(8)

```
    5  8
 -  1  4
 ──────────
```

 받아내림이 없는 (두 자리 수)−(두 자리 수)의 계산은 일의 자리 수끼리 뺀 값을 일의 자리에 쓰고,
십의 자리 수끼리 뺀 값을 십의 자리에 씁니다.

뺄셈을 하시오.

(9)
```
    3 5
  -
    2 4
  ────────
```

(10)
```
    2 8
  -
    1 3
  ────────
```

(11)
```
    4 7
  -
    2 6
  ────────
```

(12)
```
    7 9
  -
    3 4
  ────────
```

(13)
```
    6 8
  -
    4 2
  ────────
```

(14)
```
    7 7
  -
    3 5
  ────────
```

(15)
```
    7 6
  -
    2 4
  ────────
```

(16)
```
    5 9
  -
    3 2
  ────────
```

(17)
```
    5 8
  -
    2 5
  ────────
```

(18)
```
    8 6
  -
    6 5
  ────────
```

38 차시   받아내림이 없는
(두 자리 수) − (두 자리 수)

1 단계

 뺄셈을 하시오.

(1)
```
    8 7
  -
    5 3
```

(2)
```
    6 8
  -
    2 6
```

(3)
```
    7 8
  -
    3 4
```

(4)
```
    4 9
  -
    1 4
```

(5)
```
    7 4
  -
    5 1
```

(6)
```
    5 9
  -
    3 2
```

(7)
```
    3 6
  -
    2 4
```

(8)
```
    5 6
  -
    3 1
```

(9)
```
    6 8
  -
    6 3
```

(10)
```
    5 8
  -
    4 2
```

뺄셈을 하시오.

(11)
```
    6  9
 -  4  1
 ──────
```

(12)
```
    3  8
 -  1  6
 ──────
```

(13)
```
    7  4
 -  4  1
 ──────
```

(14)
```
    8  9
 -  3  5
 ──────
```

(15)
```
    7  9
 -  4  6
 ──────
```

(16)
```
    5  8
 -  2  7
 ──────
```

(17)
```
    6  8
 -  5  2
 ──────
```

(18)
```
    4  6
 -  4  2
 ──────
```

(19)
```
    2  7
 -  1  4
 ──────
```

(20)
```
    8  6
 -  3  4
 ──────
```

39 차시 받아내림이 없는 (두 자리 수) − (두 자리 수)

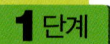 **1** 단계

 뺄셈을 하시오.

(1)

```
    4 6
 −  2 4
```

① 일의 자리 계산
  6−4=2
② 십의 자리 계산
  4−2=2

(2)

```
    4 8
 −  2 3
```

(3)

```
    5 9
 −  3 7
```

(4)

```
    7 9
 −  1 6
```

(5)

```
    8 7
 −  2 5
```

(6)

```
    5 8
 −  2 5
```

(7)

```
    6 8
 −  3 6
```

(8)

```
    6 9
 −  2 5
```

(9)

```
    7 8
 −  4 7
```

(10)

```
    5 9
 −  2 1
```

 받아내림이 없는 (두 자리 수)−(두 자리 수)의 계산은 일의 자리 수끼리 뺀 값을 일의 자리에 쓰고, 십의 자리 수끼리 뺀 값을 십의 자리에 씁니다.

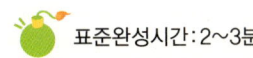
 뺄셈을 하시오.

(11)
```
  8 7
- 3 4
```

(12)
```
  2 8
- 1 3
```

(13)
```
  4 9
- 3 7
```

(14)
```
  7 9
- 4 2
```

(15)
```
  3 9
- 2 4
```

(16)
```
  8 9
- 6 6
```

(17)
```
  6 8
- 2 5
```

(18)
```
  7 6
- 6 1
```

(19)
```
  5 6
- 1 4
```

(20)
```
  4 8
- 2 6
```

(21)
```
  9 6
- 5 2
```

(22)
```
  5 9
- 3 2
```

(23)
```
  3 8
- 1 3
```

(24)
```
  5 6
- 2 3
```

(25)
```
  6 7
- 3 1
```

 뺄셈을 하시오.

(1)
```
  6 5
− 3 2
```

(2)
```
  7 7
− 5 3
```

(3)
```
  5 9
− 1 2
```

(4)
```
  7 8
− 3 5
```

(5)
```
  6 8
− 2 3
```

(6)
```
  8 7
− 6 5
```

(7)
```
  7 6
− 2 4
```

(8)
```
  6 9
− 4 6
```

(9)
```
  5 7
− 3 2
```

(10)
```
  2 8
− 1 3
```

(11)
```
  8 9
− 4 7
```

(12)
```
  4 9
− 2 3
```

(13)
```
  8 7
− 8 2
```

(14)
```
  9 6
− 5 3
```

(15)
```
  8 9
− 3 5
```

뺄셈을 하시오.

(16)
```
    6 7
  - 3 6
```

(17)
```
    6 8
  - 2 4
```

(18)
```
    3 9
  - 1 4
```

(19)
```
    7 7
  - 3 4
```

(20)
```
    3 8
  - 2 7
```

(21)
```
    8 7
  - 6 5
```

(22)
```
    6 6
  - 3 5
```

(23)
```
    4 9
  - 2 7
```

(24)
```
    5 8
  - 2 5
```

(25)
```
    5 8
  - 4 3
```

(26)
```
    7 8
  - 1 6
```

(27)
```
    6 9
  - 3 6
```

(28)
```
    8 3
  - 3 1
```

(29)
```
    8 9
  - 6 2
```

(30)
```
    3 9
  - 2 3
```

🍀 뺄셈을 하시오.

(1) $48 - 33 = \boxed{}$

30   3
18
15

① 33을 30과 3으로 나누어 30을 먼저 빼고 3을 뺍니다.
② $48 - 30 = 18$
③ $18 - 3 = 15$

$48 - 30 = 18$
$18 - 3 = 15$

(2) $59 - 35 = \boxed{}$

30   5
29
24

(3) $87 - 42 = \boxed{}$

40   2
47
45

(4) $96 - 63 = \boxed{}$

(5) $87 - 54 = \boxed{}$

(6) $75 - 51 = \boxed{}$

(7) $76 - 42 = \boxed{}$

 꼭꼭
빼는 수 몇십 몇을 몇십과 몇으로 나눈 후 몇십을 빼고 몇을 빼는 계산 방법입니다. 충분한 연습을 한 후 암산으로 해결할 수 있도록 합니다.
(몇십 몇)−(몇십 몇) ⇨ (몇십 몇)−(몇십)−(몇) ⇨ (몇십 몇)−(몇) ⇨ (몇십 몇)

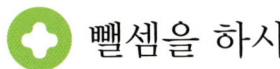 뺄셈을 하시오.

(8)　$55 - 32 =$ ☐　　　(9)　$77 - 24 =$ ☐

(10)　$78 - 51 =$ ☐　　　(11)　$65 - 14 =$ ☐

(12)　$86 - 23 =$ ☐　　　(13)　$76 - 53 =$ ☐

(14)　$49 - 18 =$ ☐　　　(15)　$54 - 30 =$ ☐

(16)　$97 - 25 =$ ☐　　　(17)　$85 - 43 =$ ☐

(18)　$78 - 52 =$ ☐　　　(19)　$79 - 37 =$ ☐

 뺄셈을 하시오.

(1) 85−32=

(2) 84−21=

(3) 65−23=

(4) 75−44=

(5) 57−34=

(6) 28−15=

(7) 76−54=

(8) 45−34=

(9) 68−43=

(10) 89−37=

(11) 97−53=

(12) 86−45=

(13) 78−46=

(14) 95−62=

(15) 36−24=

(16) 49−17=

 뺄셈을 하시오.

(17) $56-24=$

(18) $69-32=$

(19) $54-23=$

(20) $87-54=$

(21) $37-26=$

(22) $85-41=$

(23) $29-18=$

(24) $74-62=$

(25) $26-14=$

(26) $89-54=$

(27) $56-23=$

(28) $87-56=$

(29) $74-42=$

(30) $59-28=$

(31) $59-35=$

(32) $88-46=$

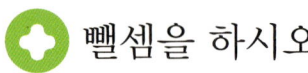 뺄셈을 하시오.

(1) $48 - 26 =$ ⬜

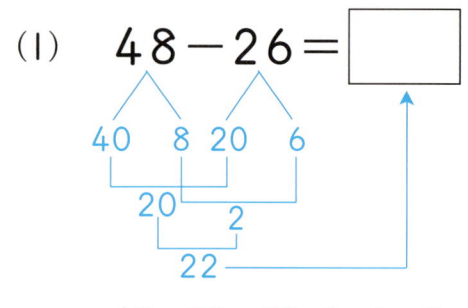

40 8 20 6
20
2
22

40−20=20, 8−6=2
20+2=22

① 48을 40과 8로 나누고, 26을 20과 6으로 나눈 후 40에서 20을 뺀 값과 8에서 6을 뺀 값을 더합니다.
② 40−20=20, 8−6=2
③ 20+2=22

(2) $73 - 31 =$ ⬜

70 3 30 1
40
2
42

(3) $88 - 54 =$ ⬜

80 8 50 4
30
4
34

(4) $75 - 43 =$ ⬜

(5) $69 - 24 =$ ⬜

(6) $97 - 73 =$ ⬜

(7) $59 - 32 =$ ⬜

꼭꼭

몇십 몇을 몇십과 몇으로 나누어 몇십끼리 뺀 값과 몇끼리 뺀 값을 더하는 계산 방법입니다. 충분한 연습을 한 후 암산으로 해결할 수 있도록 합니다.
(몇십 몇)−(몇십 몇) ⇨ (몇십)−(몇십)+(몇)−(몇) ⇨ (몇십)+(몇) ⇨ (몇십 몇)

➕ 뺄셈을 하시오.

(8) $47 - 13 =$ ☐

(9) $37 - 36 =$ ☐

(10) $78 - 55 =$ ☐

(11) $96 - 42 =$ ☐

(12) $67 - 34 =$ ☐

(13) $79 - 60 =$ ☐

(14) $86 - 45 =$ ☐

(15) $89 - 73 =$ ☐

(16) $88 - 52 =$ ☐

(17) $76 - 33 =$ ☐

(18) $66 - 15 =$ ☐

(19) $85 - 34 =$ ☐

 뺄셈을 하시오.

(1) $28 - 12 =$

(2) $86 - 64 =$

(3) $49 - 31 =$

(4) $75 - 23 =$

(5) $77 - 54 =$

(6) $28 - 13 =$

(7) $56 - 44 =$

(8) $49 - 15 =$

(9) $96 - 70 =$

(10) $83 - 51 =$

(11) $47 - 25 =$

(12) $84 - 43 =$

(13) $39 - 16 =$

(14) $97 - 65 =$

(15) $75 - 53 =$

(16) $49 - 22 =$

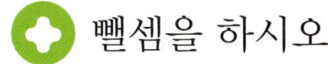 뺄셈을 하시오.

(17) $33-21=$

(18) $69-53=$

(19) $88-42=$

(20) $87-35=$

(21) $37-24=$

(22) $88-47=$

(23) $36-14=$

(24) $76-53=$

(25) $85-23=$

(26) $84-62=$

(27) $86-40=$

(28) $87-26=$

(29) $59-37=$

(30) $59-44=$

(31) $69-16=$

(32) $85-53=$

⊕ 빈칸에 알맞은 수를 써넣으시오.

(1)

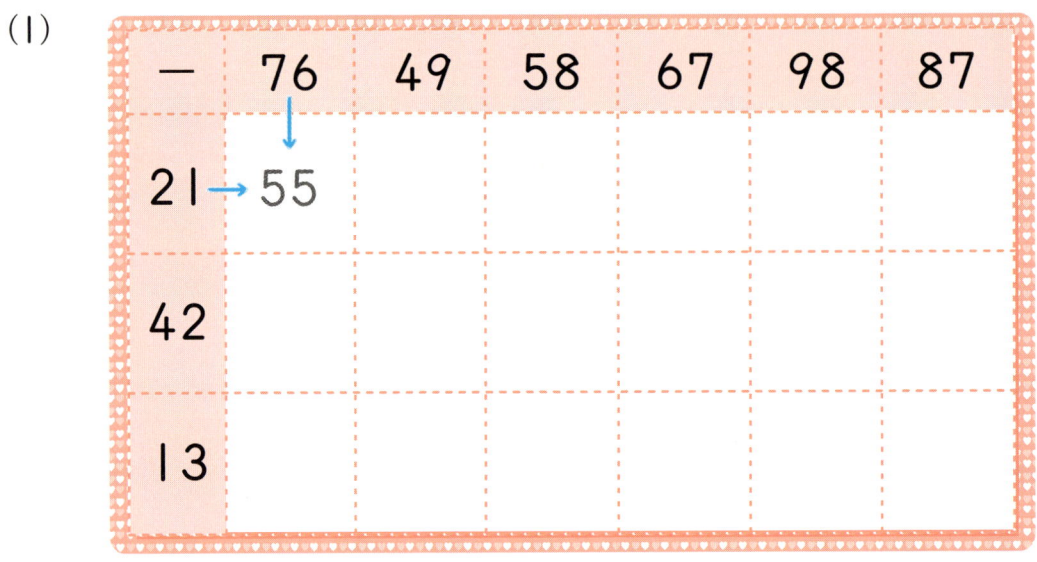

−	76	49	58	67	98	87
21	55					
42						
13						

(2)

−	98	89	95	57	76	68
12						
34						
21						

 가로 줄의 수에서 세로 줄의 수를 뺀 값을 빈칸에 써넣도록 합니다. 이 과정에서는 식을 세우지 않고 암산으로 답을 쓸 수 있도록 하며, 다양한 형태의 계산식에 익숙해지도록 합니다.

✚ 빈칸에 알맞은 수를 써넣으시오.

(3)

−	87	65	49	58	46	67
23						
31						
15						

4주

(4)

−	46	69	48	96	75	87
41						
23						
34						

 빈칸에 알맞은 수를 써넣으시오.

89	89	89	89	89	89
−13	−21	−12	−33	−14	−11
76					
−12	−13	−22	−12	−21	−12
64					
−21	−12	−13	−11	−12	−23
−12	−11	−21	−12	−21	−13

빈칸에 알맞은 수를 써넣으시오.

98	89	79	99	79	88
-11	-32	-13	-23	-13	-21
-21	-13	-21	-12	-21	-12
-12	-11	-12	-21	-14	-22
-13	-12	-11	-12	-11	-11

47차시 받아내림이 없는
(두 자리 수) − (두 자리 수)

3단계

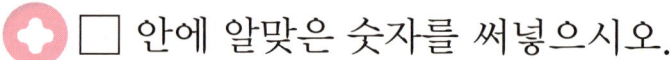

🍀 □ 안에 알맞은 숫자를 써넣으시오.

(1)
```
  □ □
-  1 2
  4 3
```
일의 자리의
어떤 수에서 2를
빼면 3이 되는지,
십의 자리의
어떤 수에서 1을
빼면 4가 되는지
알아봅니다.

(2)
```
  □ □
-  2 5
  6 2
```

(3)
```
  7 7
- □ □
  2 0
```
일의 자리의
7에서 어떤 수를
빼면 0이 되는지,
십의 자리의
7에서 어떤 수를
빼면 2가 되는지
알아봅니다.

(4)
```
  4 6
- □ □
  3 1
```

(5)
```
  7 □
- □ 2
  5 4
```

(6)
```
  9 □
- □ 2
  3 7
```

(7)
```
  □ 6
- 2 □
  4 3
```

(8)
```
  □ 7
- 3 □
  4 3
```

 꼭꼭
일의 자리, 십의 자리의 계산에서 □−(어떤 수) 또는 (어떤 수)−□의 결과를 보고, 어떤 수를 구하
는 학습입니다. 어린이 스스로 방법을 터득하여 해결할 수 있도록 지도하고, 미흡한 경우에는 앞
단계의 학습을 다시 반복하도록 합니다.

○ □ 안에 알맞은 숫자를 써넣으시오.

(9)
```
    5 □
-   □ 3
─────
    2 5
```

(10)
```
    8 □
-   □ 2
─────
    3 4
```
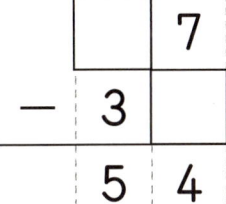

(11)
```
    □ 8
-   1 □
─────
    6 2
```

(12)
```
    □ 7
-   3 □
─────
    5 4
```
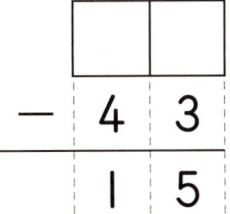

(13)
```
    □ □
-   2 7
─────
    6 1
```

(14)
```
    □ □
-   4 3
─────
    1 5
```

(15)
```
    7 6
-   □ □
─────
    4 3
```
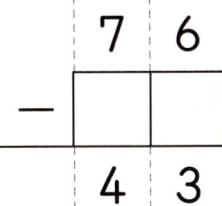

(16)
```
    6 8
-   □ □
─────
    4 3
```

(17)
```
    □ 9
-   3 □
─────
    5 7
```
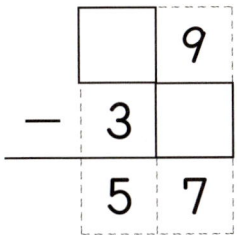

(18)
```
    □ 7
-   2 □
─────
    4 5
```

D4 117

➕ □ 안에 알맞은 숫자를 써넣으시오.

(1) 48 − □ = 34   (2) □ − 22 = 17

(3) 87 − □ = 41   (4) □ − 32 = 44

(5) 58 − □ = 15   (6) □ − 14 = 64

(7) 27 − □ = 4   (8) □ − 42 = 23

(9) 99 − □ = 63   (10) □ − 25 = 42

(11) 56 − □ = 24   (12) □ − 22 = 53

(13) 46 − □ = 15   (14) □ − 16 = 63

(15) 88 − □ = 62   (16) □ − 23 = 64

 □ 안에 알맞은 숫자를 써넣으시오.

(17) 3□ − □3 = 15　　(18) □6 − 4□ = 43

(19) 8□ − □3 = 31　　(20) □7 − 2□ = 43

(21) 6□ − □2 = 37　　(22) □7 − 1□ = 42

(23) 5□ − □6 = 30　　(24) □9 − 3□ = 32

(25) 5□ − □3 = 24　　(26) □5 − 2□ = 51

(27) 6□ − □1 = 14　　(28) □6 − 4□ = 23

(29) 9□ − □5 = 53　　(30) □5 − 1□ = 33

(31) 7□ − □3 = 11　　(32) □8 − 5□ = 42

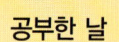
 계산을 하시오.

(1)
```
   3 2
 +   6
```

(2)
```
   6 4
 + 1 2
```

(3)
```
   3 4
 +   3
```

(4)
```
   7 0
 + 2 9
```

(5)
```
   2 3
 +   5
```

(6)
```
   2 5
 + 3 2
```

(7)
```
   2 2
 +   4
```

(8)
```
   4 0
 + 2 5
```

(9)
```
   5 1
 +   8
```

(10)
```
   5 3
 + 3 2
```

(11)
```
   7 6
 +   3
```

(12)
```
   6 1
 + 2 4
```

(13)
```
     5
 + 1 3
```

(14)
```
   2 6
 + 4 0
```

(15)
```
     4
 + 3 5
```

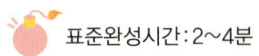 덧셈을 하시오.

(16)
```
   8 7
 -   4
```

(17)
```
   2 8
 - 1 3
```

(18)
```
   4 9
 -   7
```

(19)
```
   7 9
 - 4 2
```

(20)
```
   3 9
 -   4
```

(21)
```
   8 8
 - 6 5
```

(22)
```
   6 8
 -   5
```

(23)
```
   7 5
 - 6 0
```

(24)
```
   5 6
 -   4
```

(25)
```
   4 8
 - 2 6
```

(26)
```
   9 6
 -   2
```

(27)
```
   5 8
 - 3 1
```

(28)
```
   3 8
 -   3
```

(29)
```
   5 7
 - 2 4
```

(30)
```
   2 7
 -   1
```

❖ 덧셈을 하시오.

(31) 35＋3＝

(32) 73＋13＝

(33) 82＋4＝

(34) 27＋42＝

(35) 34＋5＝

(36) 80＋15＝

(37) 32＋6＝

(38) 71＋21＝

(39) 59－7＝

(40) 59－28＝

(41) 69－6＝

(42) 88－46＝

(43) 88－5＝

(44) 67－25＝

(45) 76－2＝

(46) 75－63＝

정답 및 지도서

자르는 선을 따라 잘라 보관하여, 채점할 때 사용하세요.

1주 받아올림이 없는 (두 자리 수)+(한 자리 수)

지도 방법

❶ 본 단계에 들어가기 전에 받아올림이 없는 한 자리 수끼리의 덧셈을 충분히 학습했는지 확인해 주세요. 이 단계는 십의 자리까지 나오므로 십의 자리 수에 대한 개념을 바르게 알고 있는지 확인하는 것이 중요합니다.

❷ 셈 자체는 어렵지 않으나 십의 자리와 일의 자리가 동시에 나오므로 자릿수를 제대로 맞추어 쓰는 연습을 하도록 합니다. 특히, 세로셈의 경우 줄을 맞추어 계산할 수 있도록 지도합니다.

❸ 아이 스스로 계산 방법을 설명하면서 풀이하게 하면, 설명을 통해 생각을 정리할 수 있어 학습에 효과적입니다.

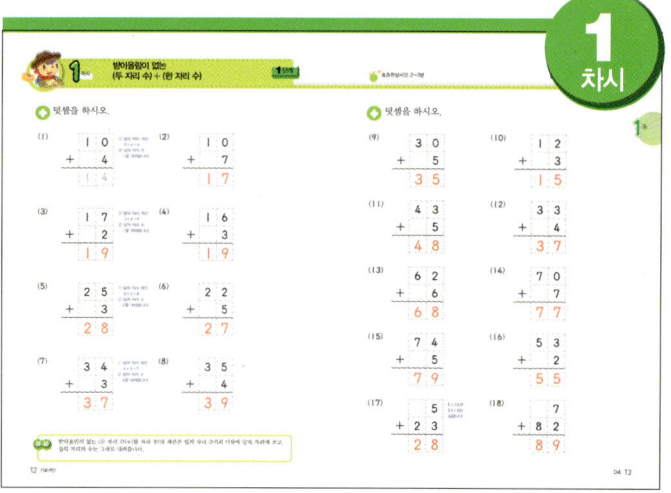

1차시

12~13쪽

받아올림이 없는 (두 자리 수)+(한 자리 수)의 계산은 먼저 세로셈으로 계산 방법을 익히도록 지도합니다.

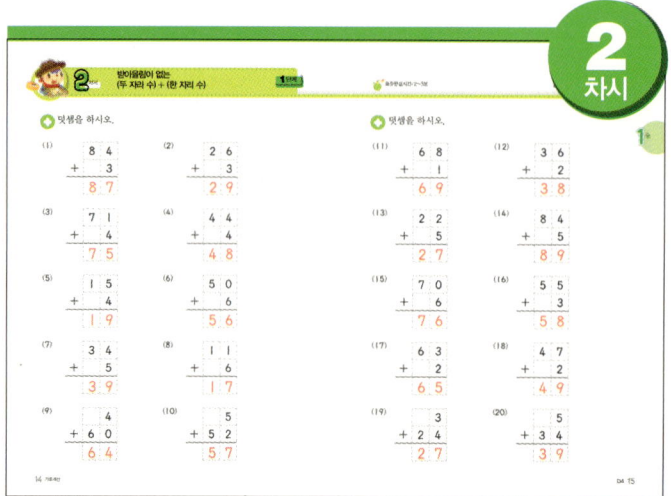

2차시

14~15쪽

받아올림이 없는 (두 자리 수)+(한 자리 수)의 계산은 일의 자리 수끼리 더하여 일의 자리에 쓰고, 십의 자리의 수는 그대로 내려씁니다.

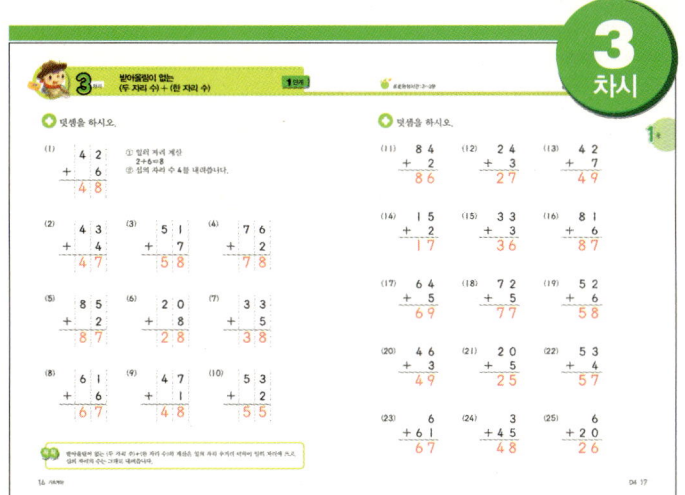

16~17쪽

계산 방법을 숙지하고 보조선에 맞추어 답을 쓰도록 하고, 숙달되면 보조선 없이 계산할 수 있도록 합니다.

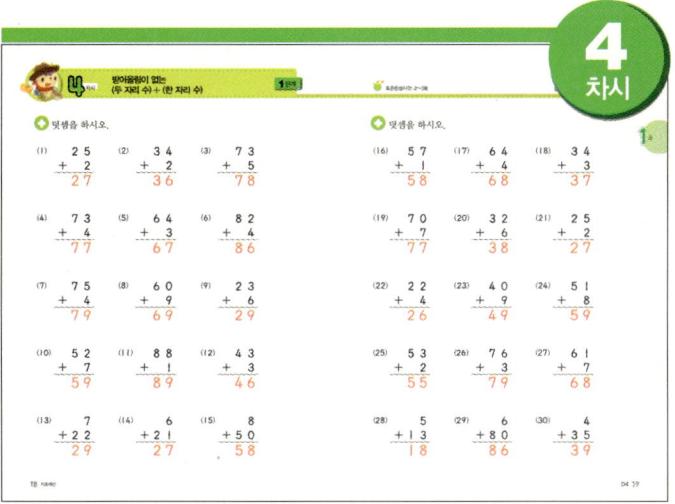

18~19쪽

받아올림이 없는 (두 자리 수)+(한 자리 수)의 계산입니다. 줄을 잘 맞추어 답을 쓰도록 지도합니다.

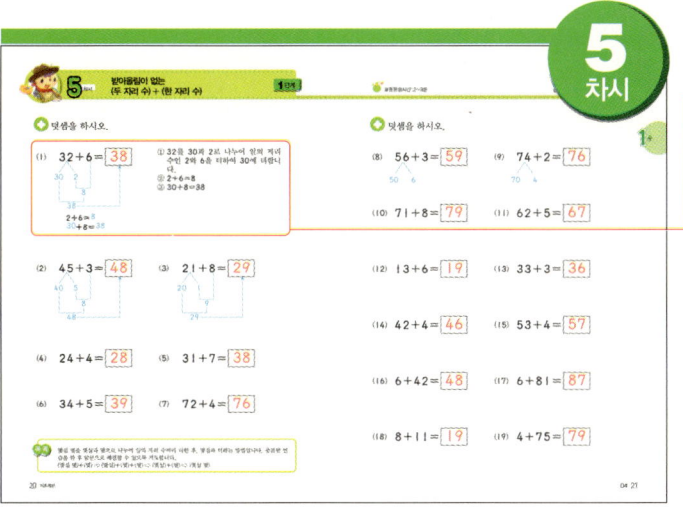

20~21쪽

몇십 몇을 몇십과 몇으로 나누어 몇끼리 더한 후 몇십과 더하는 방법입니다. 충분한 연습을 한 후 암산으로 해결할 수 있도록 지도합니다.

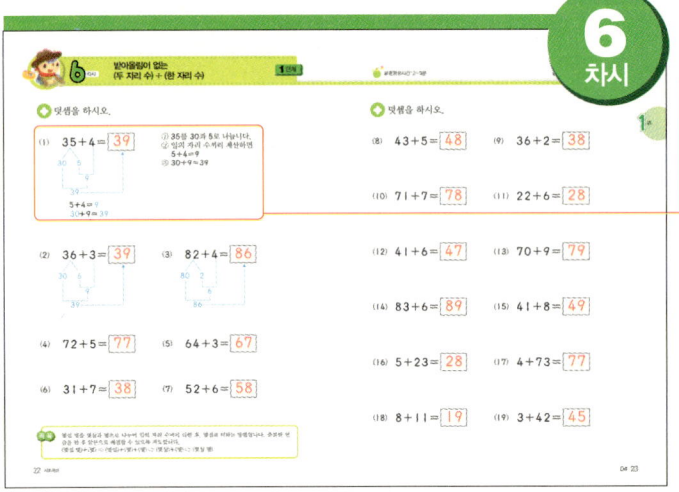

6차시

22~23쪽

몇십 몇을 몇십과 몇으로 나누어 몇끼리 더한 후 몇십과 더하는 방법입니다. 충분한 연습을 한 후 암산으로 해결할 수 있도록 지도합니다.

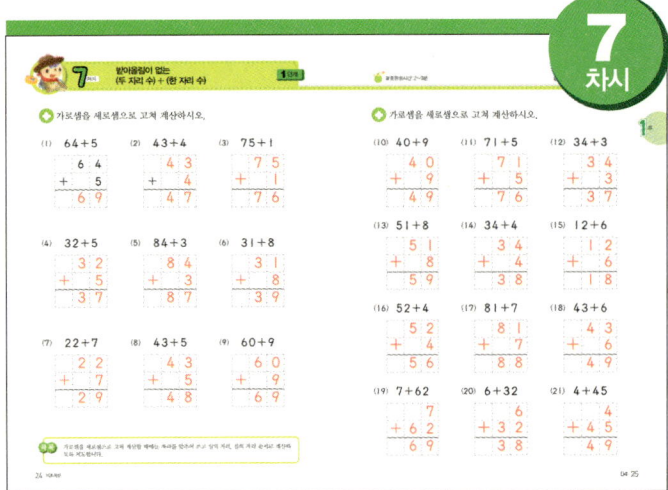

7차시

24~25쪽

가로셈을 세로셈으로 고쳐 계산할 때에는 자리를 맞추어 쓰고 일의 자리, 십의 자리 순서로 계산하도록 지도합니다.

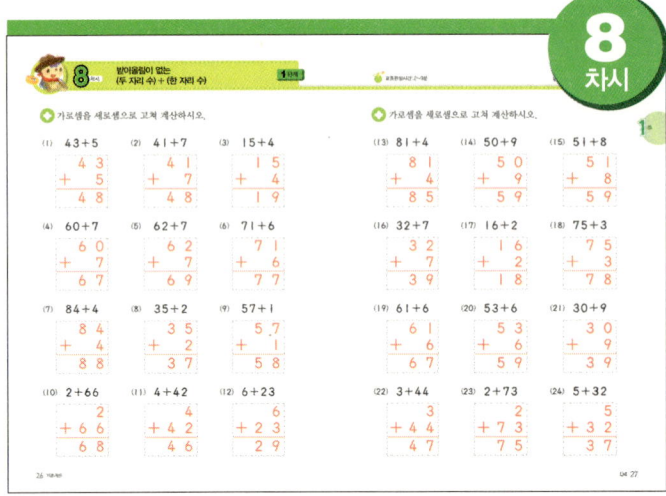

8차시

26~27쪽

가로셈을 세로셈으로 고쳐 계산할 때에는 자리를 맞추어 씁니다. 일의 자리 수끼리 더하여 일의 자리에 쓰고, 십의 자리 수는 그대로 내려 씁니다.

가로줄의 수와 세로줄의 수를 더하여 빈칸에 써넣도록 합니다. 암산으로 계산하며 규칙성을 스스로 찾아 그 규칙에 따라 빈칸을 채워 나가도록 합니다.

위에서부터 차례로 더하여 빈칸에 답을 쓰도록 합니다. 이때, 쓴 답에 다시 수를 더하여 답을 쓰는 것에 주의하며 줄을 맞추어 계산하도록 합니다.

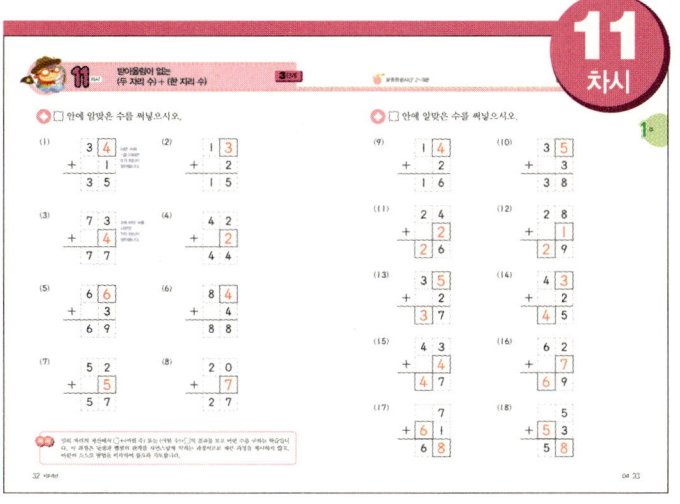

□＋(어떤 수) 또는 (어떤 수)＋□의 결과를 보고 □를 구합니다. 어린이 스스로 방법을 터득하여 풀고, 자연스럽게 덧셈과 뺄셈의 관계를 익히도록 합니다.

십의 자리와 일의 자리를 비교하여 답을 하도록 합니다. 십의 자리는 그대로 3이므로 일의 자리에서 □+2=5이므로 □=3입니다.

12차시 받아올림이 없는 (두 자리 수) + (한 자리 수)

□ 안에 알맞은 수를 써넣으시오.

(1) 43+[5]=48 (2) 3[3]+2=35

(3) 81+[7]=88 (4) 7[2]+5=77

(5) 50+[6]=56 (6) 7[1]+8=79

(7) 24+[3]=27 (8) 1[2]+7=19

(9) 13+[5]=18 (10) 6[0]+8=68

(11) 55+[3]=58 (12) 3[2]+5=37

(13) 41+[7]=48 (14) 7[0]+9=79

(15) 22+[6]=28 (16) 8[3]+3=86

□ 안에 알맞은 수를 써넣으시오.

(17) 3[4]+3=37 (18) 2+3[6]=38

(19) 4[8]+1=49 (20) 4+4[4]=48

(21) 32+[4]=36 (22) [2]+27=29

(23) 56+[3]=59 (24) [3]+15=18

(25) 5[7]+2=59 (26) 2+2[6]=28

(27) 6[5]+3=68 (28) 4+3[4]=38

(29) 1[3]+5=18 (30) 3+1[4]=17

(31) 4[5]+2=47 (32) 1+3[7]=38

정답 및 지도서 D4

2주 받아올림이 없는 (두 자리 수)+(두 자리 수)

지도 방법

❶ 본 단계에 들어가기 전에 받아올림이 없는 두 자리 수와 한 자리 수의 덧셈을 충분히 익혔는지 확인해 주세요.

❷ 십의 자리와 일의 자리에 대한 개념을 충분히 익힌 뒤, 암산으로 답을 하도록 합니다. 이때, 암산이 제대로 이루어지지 않는다면 받아올림이 없는 한 자리 수끼리의 덧셈으로 돌아가 다시 충분한 연습을 합니다.

❸ 가로셈과 세로셈의 병행이 자유롭게 이루어지도록 두 방법을 모두 학습하도록 합니다. 그러나 학생들 스스로 더 편한 방법으로 풀 수 있도록 어느 하나만을 강조하지 않도록 주의합니다.

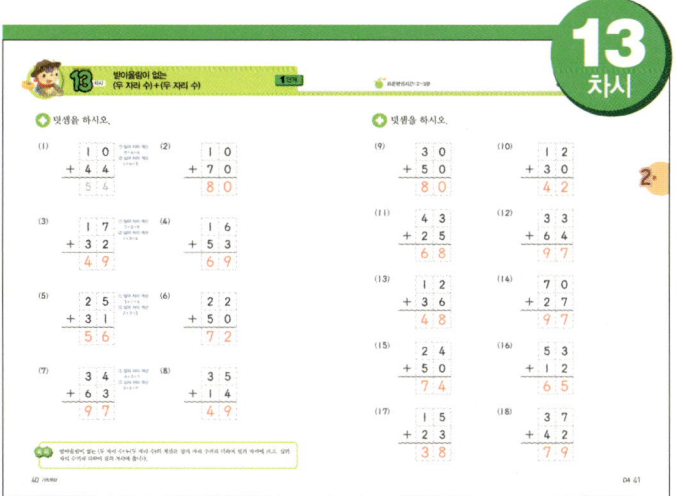

40~41쪽

받아올림이 없는 (두 자리 수)+(두 자리 수)의 계산은 일의 자리 수끼리 더하여 일의 자리에 쓰고, 십의 자리 수끼리 더하여 십의 자리에 씁니다.

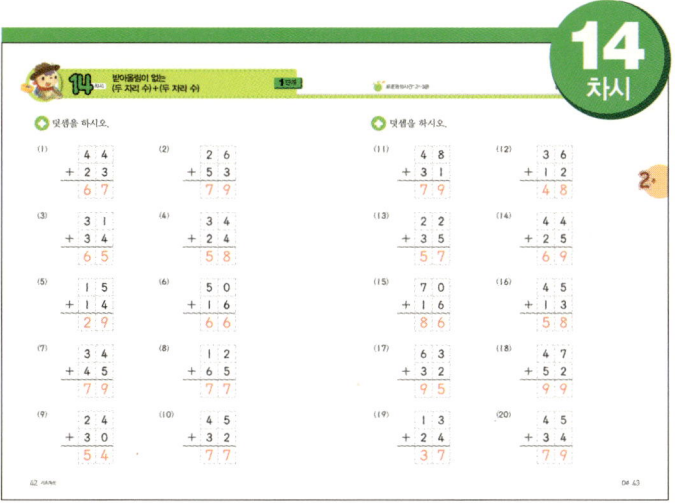

42~43쪽

특별히 어려운 계산이 아니므로 줄을 맞추어 쓰는 것에 유의하되, 덧셈은 암산을 통해 바로 할 수 있도록 합니다.

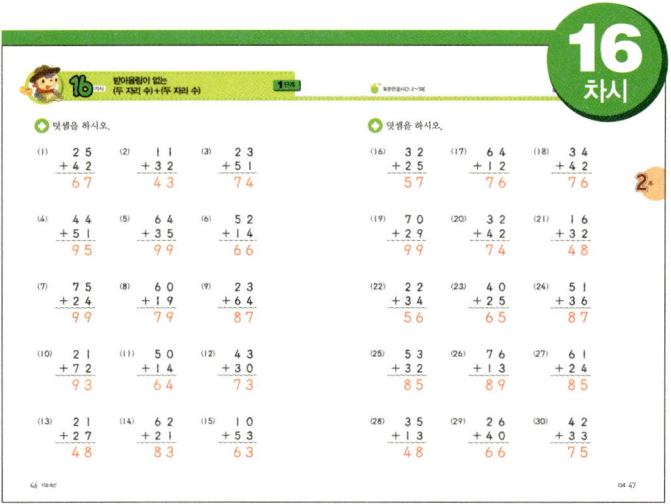

44~45쪽

받아올림이 없는 (두 자리 수)+
(두 자리 수)의 계산은 일의 자리
수끼리 더하여 일의 자리에 쓰
고, 십의 자리 수끼리 더하여 십
의 자리에 씁니다.

46~47쪽

세로 형식의 덧셈은 줄을 맞추어
쓰는 것에 유의합니다. 충분히
학습하여 바로 답할 수 있도록
지도합니다.

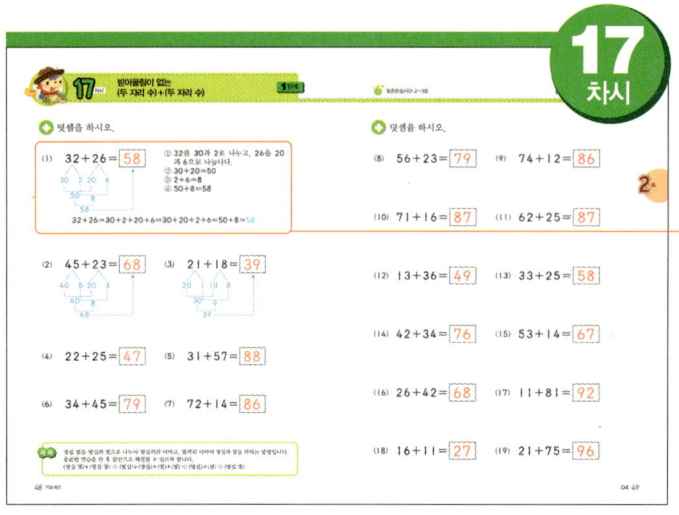

48~49쪽

두 수를 각각 몇십과 몇으로 나
누어 몇십끼리 더하고, 몇끼리
더한 값을 다시 더하는 방법입니
다. 충분한 연습을 한 후 암산으
로 해결할 수 있도록 합니다.

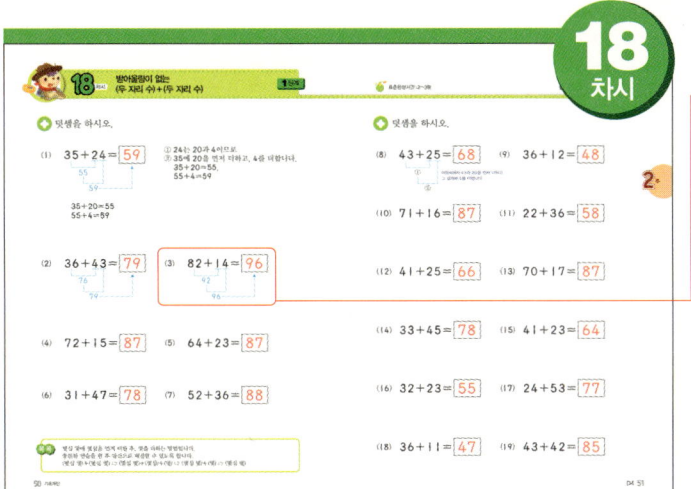

50~51쪽

두 수 중 한 수만 몇십과 몇으로 가른 후 나머지 수에 몇십을 더한 후 몇을 더하는 방법입니다. 충분한 연습을 한 후 암산으로 해결할 수 있도록 합니다.

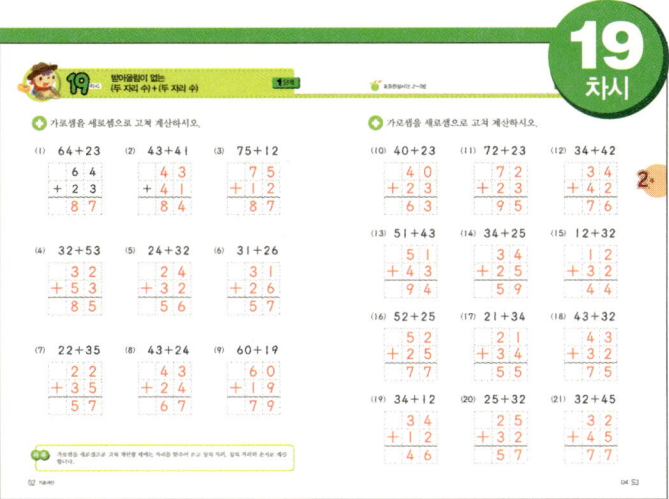

52~53쪽

가로셈을 세로셈으로 고쳐 계산할 때에는 자리를 맞추어 쓰고 일의 자리, 십의 자리의 순서로 계산합니다.

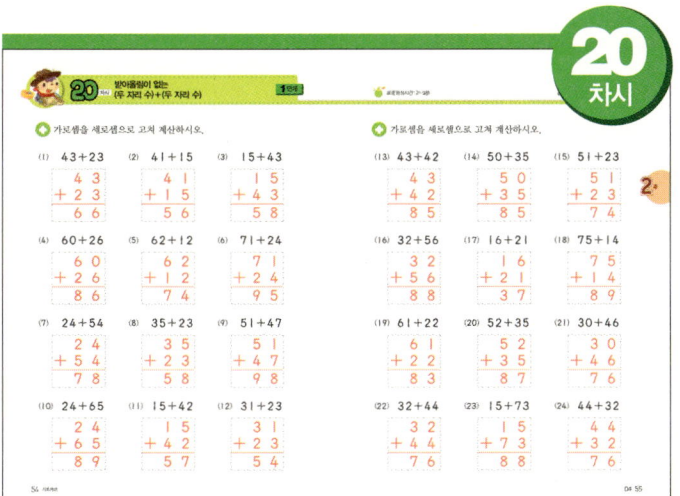

54~55쪽

가로셈을 세로셈으로 고쳐 계산할 때에는 자리를 맞추어 일의 자리 수끼리 더하여 일의 자리에 쓰고, 십의 자리 수끼리 더하여 십의 자리에 씁니다.

56~57쪽

가로줄의 수와 세로줄의 수를 더하여 빈칸에 써넣도록 합니다. 지금까지 충분한 연습을 하였으므로 따로 식을 세우지 말고 암산으로 하도록 합니다.

58~59쪽

위에서부터 차례로 더하여 빈칸에 답을 쓰도록 합니다. 이때, 쓴 답에 다시 수를 더하여 답을 쓰는 것에 주의하며 줄을 맞추어 계산하도록 합니다.

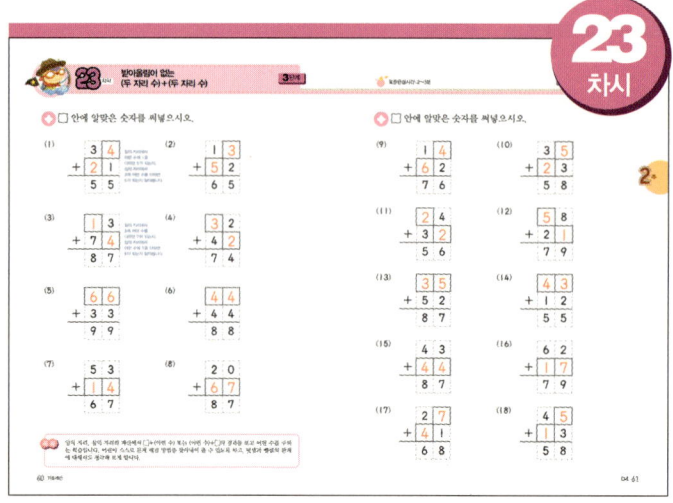

60~61쪽

어린이 스스로 문제 해결 방법을 찾아내어 풀 수 있도록 하고, 덧셈과 뺄셈의 관계에 대해서도 생각해 보게 합니다.

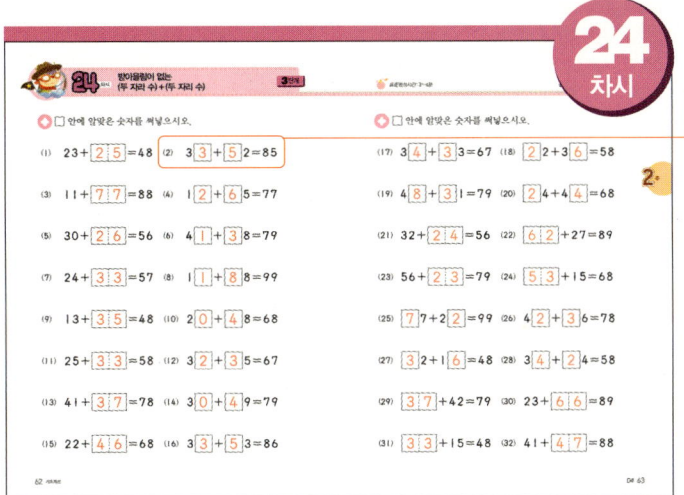

62~63쪽

일의 자리

$\square$+2=5, $\square$=3

십의 자리

3+$\square$=8, $\square$=5

$\square$ 안에 알맞은 수를 쓸 때 어려워 하는 경우 앞 단계를 다시 충분히 익히도록 합니다.

정답 및 지도서 D4

3주 받아내림이 없는 (두 자리 수)−(한 자리 수)

지도 방법

① 본 단계는 받아내림이 없는 한 자리 수끼리의 뺄셈을 기초로 합니다. 본 단계에 들어가기 전에 받아내림이 없는 한 자리 수끼리의 뺄셈을 완전히 이해하여 충분히 익혔는지 확인해 주세요.

② 뺄셈 자체는 어렵지 않으나 십의 자리와 일의 자리가 동시에 나오므로 자릿수를 제대로 맞추어 쓰는 것이 중요하므로 연습을 하도록 합니다. 특히, 세로셈의 경우 줄을 맞추어 쓰도록 합니다.

③ 구두문답을 통해 이해의 정도를 확인하면서 단계를 진행하도록 합니다.

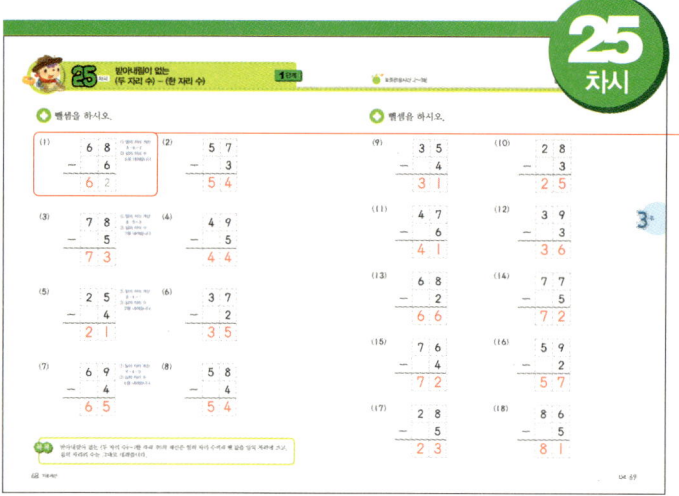

25차시

68~69쪽

세로 형식의 뺄셈으로 받아내림이 없는 (두 자리 수)−(한 자리 수)의 계산 방법을 이해하도록 설명합니다.

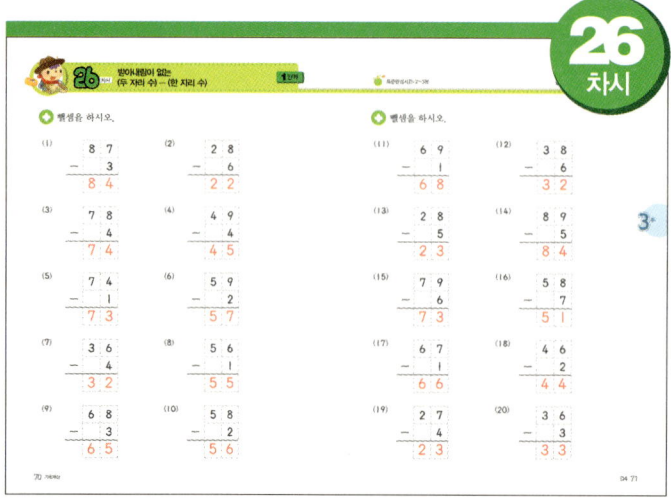

26차시

70~71쪽

십의 자리, 일의 자리에 맞추어 쓰는 것에 유의하되, 특별히 어려운 계산이 아니므로 암산을 통하여 계산하도록 합니다.

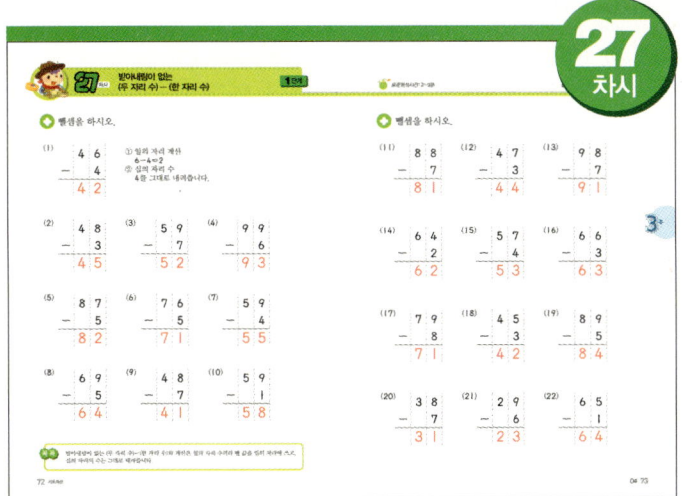

72~73쪽

받아내림이 없는 (두 자리 수)—
(한 자리 수)의 계산은 일의 자리
수끼리 뺀 차를 일의 자리에 쓰
고, 십의 자리 수는 그대로 내려
씁니다.

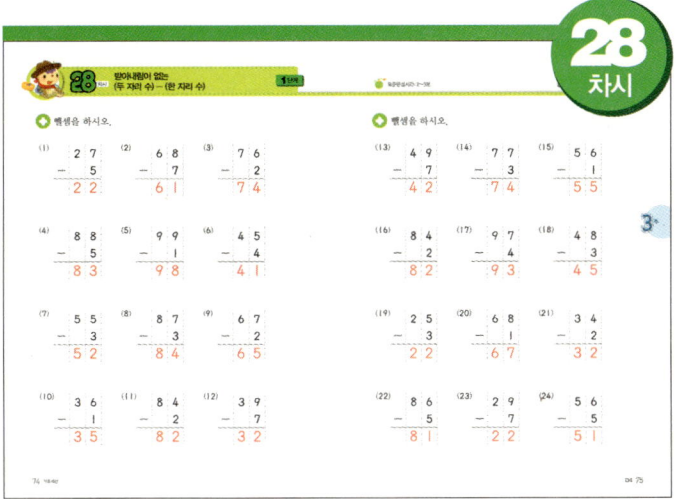

74~75쪽

받아내림이 없는 (두 자리 수)—
(한 자리 수)의 계산은 일의 자
리, 십의 자리의 순서로 계산을
합니다.

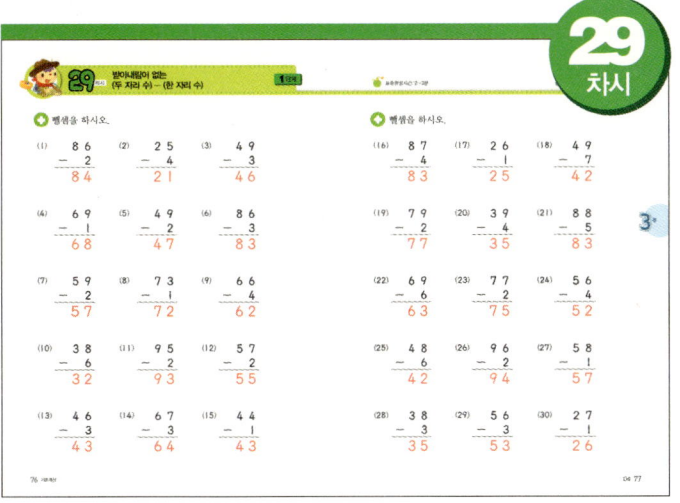

76~77쪽

받아내림이 없는 (두 자리 수)—
(한 자리 수)의 계산은 일의 자
리, 십의 자리 순서로 계산하고
답을 쓰는 위치에 주의합니다.

30 차시

30 받아내림이 없는 (두 자리 수) − (한 자리 수) 1단계

● 뺄셈을 하시오.

(1) 5 5 − 3 = 5 3	(2) 7 7 − 3 = 7 4	(3) 9 9 − 2 = 9 7	(16) 3 7 − 6 = 3 1	(17) 6 8 − 4 = 6 4	(18) 3 9 − 4 = 3 5
(4) 7 8 − 5 = 7 3	(5) 6 9 − 4 = 6 5	(6) 8 7 − 5 = 8 2	(19) 7 7 − 4 = 7 3	(20) 3 8 − 7 = 3 1	(21) 8 7 − 5 = 8 2
(7) 7 6 − 4 = 7 2	(8) 6 6 − 3 = 6 3	(9) 2 8 − 3 = 2 5	(22) 6 6 − 5 = 6 1	(23) 4 9 − 7 = 4 2	(24) 5 8 − 5 = 5 3
(10) 2 6 − 1 = 2 5	(11) 8 9 − 7 = 8 2	(12) 4 9 − 3 = 4 6	(25) 5 8 − 3 = 5 5	(26) 7 8 − 6 = 7 2	(27) 1 7 − 6 = 1 1
(13) 8 7 − 2 = 8 5	(14) 9 6 − 3 = 9 3	(15) 8 9 − 5 = 8 4	(28) 8 3 − 1 = 8 2	(29) 8 9 − 2 = 8 7	(30) 3 9 − 3 = 3 6

78~79쪽

일의 자리, 십의 자리의 순서로 계산을 합니다. 충분한 연습을 한 후 암산으로 해결할 수 있도록 합니다.

31 차시

31 받아내림이 없는 (두 자리 수) − (한 자리 수) 1단계

● 뺄셈을 하시오.

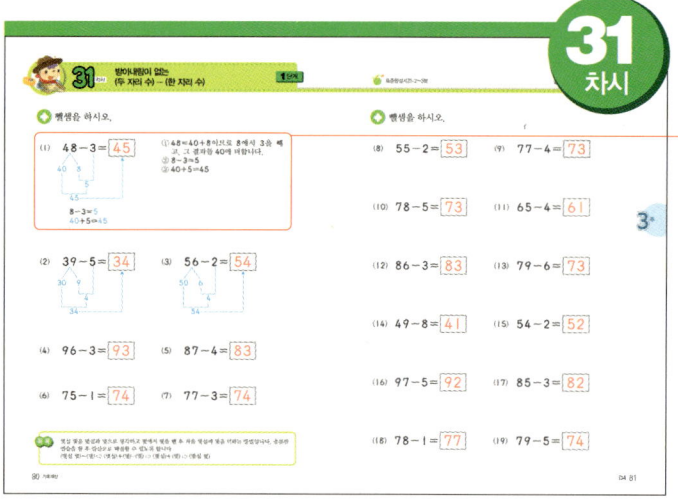

(1) 48 − 3 = 45
(2) 39 − 5 = 34
(3) 56 − 2 = 54
(4) 96 − 3 = 93
(5) 87 − 4 = 83
(6) 75 − 1 = 74
(7) 77 − 3 = 74

● 뺄셈을 하시오.

(8) 55 − 2 = 53
(9) 77 − 4 = 73
(10) 78 − 5 = 73
(11) 65 − 4 = 61
(12) 86 − 3 = 83
(13) 79 − 6 = 73
(14) 49 − 8 = 41
(15) 54 − 2 = 52
(16) 97 − 5 = 92
(17) 85 − 3 = 82
(18) 78 − 1 = 77
(19) 79 − 5 = 74

80~81쪽

몇십 몇을 몇십과 몇으로 생각하고 몇에서 몇을 뺀 후 처음 몇십에 더하는 방법으로 계산합니다. 충분한 연습을 한 후 암산으로 해결할 수 있도록 합니다.

32 차시

32 받아내림이 없는 (두 자리 수) − (한 자리 수) 1단계

● 뺄셈을 하시오.

(1) 28 − 2 = 26
(2) 86 − 4 = 82
(3) 49 − 1 = 48
(4) 74 − 2 = 72
(5) 77 − 4 = 73
(6) 28 − 3 = 25
(7) 56 − 4 = 52
(8) 49 − 5 = 44
(9) 96 − 4 = 92
(10) 83 − 1 = 82
(11) 47 − 5 = 42
(12) 84 − 3 = 81
(13) 39 − 5 = 34
(14) 97 − 5 = 92
(15) 75 − 3 = 72
(16) 49 − 2 = 47

● 뺄셈을 하시오.

(17) 33 − 1 = 32
(18) 69 − 3 = 66
(19) 88 − 2 = 86
(20) 87 − 5 = 82
(21) 37 − 4 = 33
(22) 84 − 1 = 83
(23) 36 − 4 = 32
(24) 76 − 3 = 73
(25) 85 − 3 = 82
(26) 84 − 2 = 82
(27) 86 − 2 = 84
(28) 72 − 1 = 71
(29) 59 − 7 = 52
(30) 59 − 4 = 55
(31) 69 − 6 = 63
(32) 76 − 4 = 72

82~83쪽

가로셈은 세로셈으로 고쳐서 계산해도 됩니다. 일의 자리, 십의 자리의 순서로 계산을 합니다.

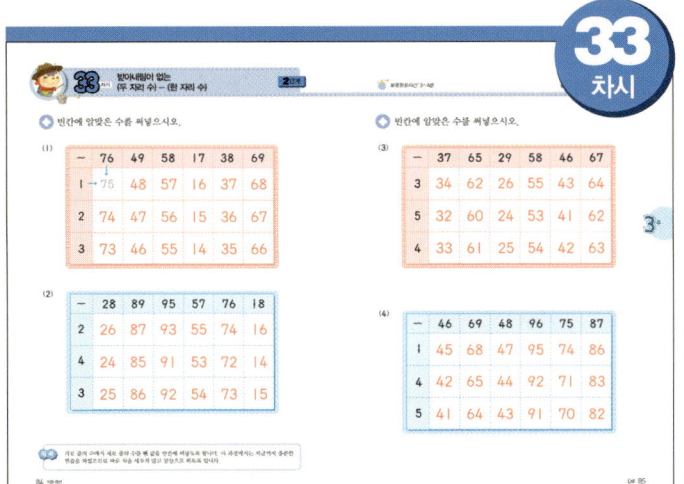

가로줄의 수에서 세로줄의 수를 뺀 차를 빈칸에 써넣도록 합니다. 이 과정에서는 지금까지 충분한 연습을 하였으므로 따로 식을 세우지 말고 암산으로 하도록 합니다.

위에서부터 차례로 빼어 빈칸에 답을 쓰도록 합니다. 이때 쓴 답에 다시 수를 빼어 답을 쓰는 것에 주의하며 줄을 맞추어 계산하도록 합니다.

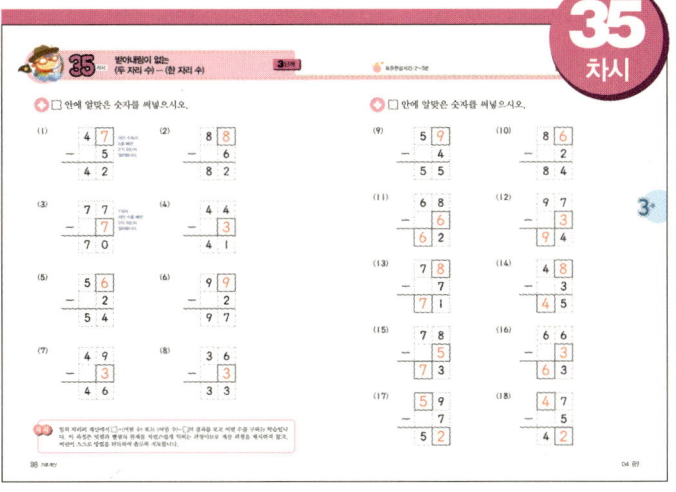

일의 자리의 계산에서 □−(어떤 수) 또는 (어떤 수)−□의 결과를 보고 □를 구하는 학습입니다. 어린이 스스로 방법을 찾아 풀면서 덧셈과 뺄셈의 관계를 이해하도록 합니다.

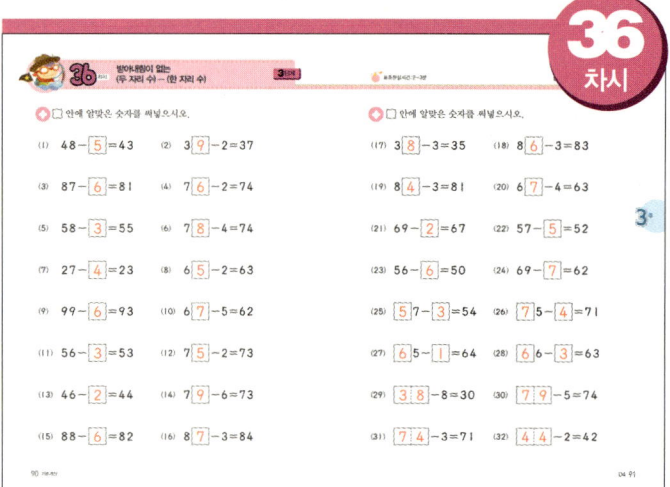

36 차시

90~91쪽

계산 순서에 유의하며 어린이 스스로 방법을 터득하여 풀게 합니다.

□ 안에 알맞은 숫자를 써넣으시오.

(1) 48 − [5] = 43 (2) 3 [9] − 2 = 37

(3) 87 − [6] = 81 (4) 7 [6] − 2 = 74

(5) 58 − [3] = 55 (6) 7 [8] − 4 = 74

(7) 27 − [4] = 23 (8) 6 [5] − 2 = 63

(9) 99 − [6] = 93 (10) 6 [7] − 5 = 62

(11) 56 − [3] = 53 (12) 7 [5] − 2 = 73

(13) 46 − [2] = 44 (14) 7 [9] − 6 = 73

(15) 88 − [6] = 82 (16) 8 [7] − 3 = 84

□ 안에 알맞은 숫자를 써넣으시오.

(17) 3 [8] − 3 = 35 (18) 8 [6] − 3 = 83

(19) 8 [4] − 3 = 81 (20) 6 [7] − 4 = 63

(21) 69 − [2] = 67 (22) 57 − [5] = 52

(23) 56 − [6] = 50 (24) 69 − [7] = 62

(25) [5] 7 − [3] = 54 (26) [7] 5 − [4] = 71

(27) [6] 5 − [1] = 64 (28) [6] 6 − [3] = 63

(29) [3] 8 − 8 = 30 (30) [7] 9 − 5 = 74

(31) [7] 4 − 3 = 71 (32) [4] 4 − 2 = 42

4주 받아내림이 없는 (두 자리 수)−(두 자리 수)

지도 방법

❶ 본 단계에 들어가기 전에 받아올림이 없는 두 자리 수와 한 자리 수의 뺄셈을 충분히 익혔는지 확인해 주세요.

❷ 십의 자리와 일의 자리에 대한 개념을 충분히 익힌 뒤, 암산으로 답을 하도록 합니다. 이때, 암산이 제대로 이루어지지 않는다면 받아올림이 없는 한 자리 수끼리의 뺄셈으로 돌아가 다시 충분한 연습을 합니다.

❸ 가로셈과 세로셈의 병행이 자유롭게 이루어지도록 두 방법을 모두 학습하도록 하되, 학생들 스스로 더 편한 방법으로 찾아 풀도록 어느 하나만을 강조하여 지도하지 않도록 주의합니다.

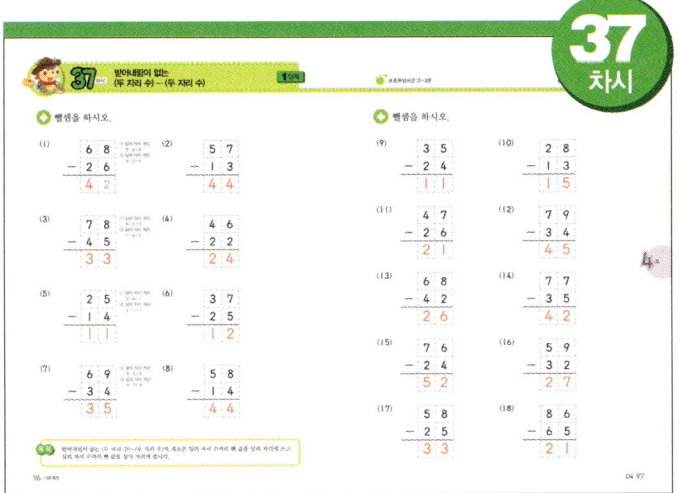

37차시

96~97쪽

받아내림이 없는 (두 자리 수)−(두 자리 수)의 계산은 일의 자리 수끼리 뺀 차를 일의 자리에 쓰고, 십의 자리 수끼리 뺀 차를 십의 자리에 씁니다.

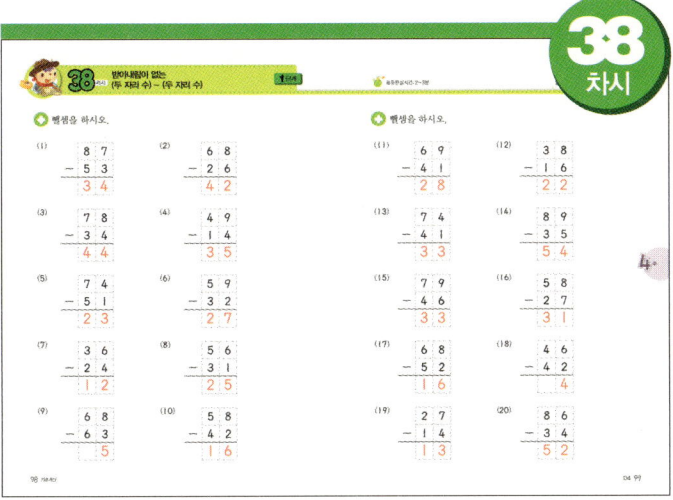

38차시

98~99쪽

받아내림이 없는 (두 자리 수)−(두 자리 수)의 계산은 일의 자리, 십의 자리의 순서로 계산합니다.

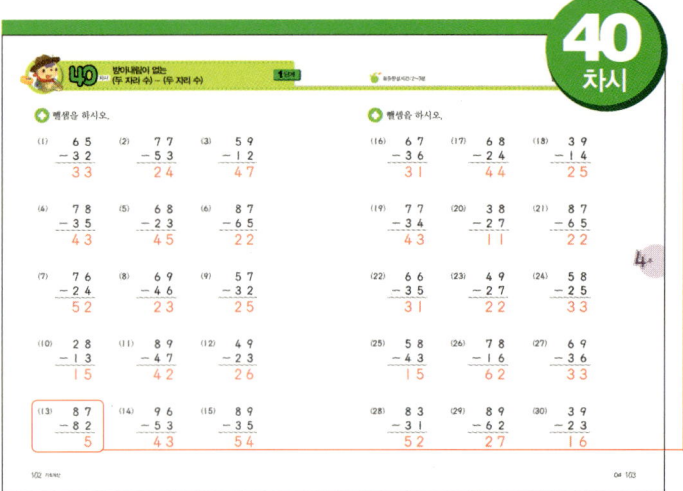

100~101쪽

39 차시

받아내림이 없는 (두 자리 수)−(두 자리 수)의 계산은 일의 자리 수끼리 뺀 차를 일의 자리에 쓰고, 십의 자리 수끼리 뺀 차를 십의 자리에 씁니다.

39 받아내림이 없는 (두 자리 수) − (두 자리 수)

● 뺄셈을 하시오.

(1) 46 − 24 = 22 ① 일의 자리 계산 6−4=2 ② 십의 자리 계산 4−2=2

(2) 48 − 23 = 25
(3) 59 − 37 = 22
(4) 79 − 16 = 63

(5) 87 − 25 = 62
(6) 58 − 25 = 33
(7) 68 − 36 = 32

(8) 69 − 25 = 44
(9) 78 − 47 = 31
(10) 59 − 21 = 38

● 뺄셈을 하시오.

(11) 87 − 34 = 53
(12) 28 − 13 = 15
(13) 49 − 37 = 12

(14) 79 − 42 = 37
(15) 39 − 24 = 15
(16) 89 − 66 = 23

(17) 68 − 25 = 43
(18) 76 − 61 = 15
(19) 56 − 14 = 42

(20) 48 − 26 = 22
(21) 96 − 52 = 44
(22) 59 − 32 = 27

(23) 38 − 13 = 25
(24) 56 − 23 = 33
(25) 67 − 31 = 36

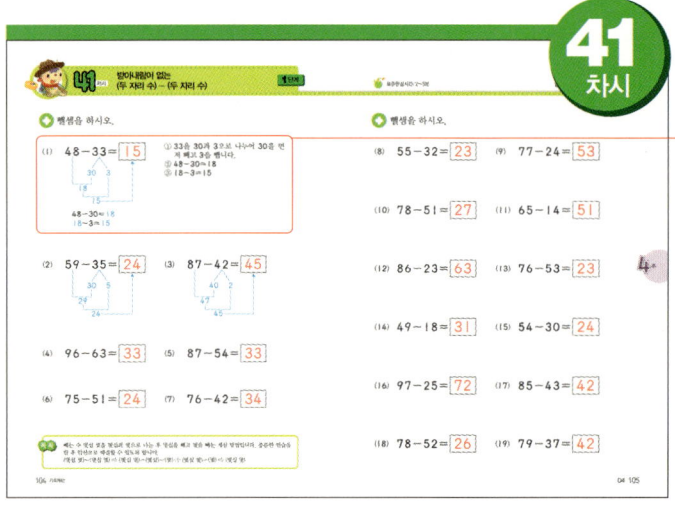

102~103쪽

40 차시

▶ 답의 일의 자리 수가 '0'이 아닌 경우 십의 자리에 '8−8=0'은 생략할 수 있음을 이해하도록 지도합니다.

40 받아내림이 없는 (두 자리 수) − (두 자리 수)

● 뺄셈을 하시오.

(1) 65 − 32 = 33
(2) 77 − 53 = 24
(3) 59 − 12 = 47

(4) 78 − 35 = 43
(5) 68 − 23 = 45
(6) 87 − 65 = 22

(7) 76 − 24 = 52
(8) 69 − 46 = 23
(9) 57 − 32 = 25

(10) 28 − 13 = 15
(11) 89 − 47 = 42
(12) 49 − 23 = 26

(13) 87 − 82 = 5
(14) 96 − 53 = 43
(15) 89 − 35 = 54

● 뺄셈을 하시오.

(16) 67 − 36 = 31
(17) 68 − 24 = 44
(18) 39 − 14 = 25

(19) 77 − 34 = 43
(20) 38 − 27 = 11
(21) 87 − 65 = 22

(22) 66 − 35 = 31
(23) 49 − 27 = 22
(24) 58 − 25 = 33

(25) 58 − 43 = 15
(26) 78 − 16 = 62
(27) 69 − 36 = 33

(28) 83 − 31 = 52
(29) 89 − 62 = 27
(30) 39 − 23 = 16

104~105쪽

41 차시

▶ 빼는 수 몇십 몇을 몇십과 몇으로 생각하여 계산하는 방법입니다. 충분한 연습을 한 후 암산으로 해결할 수 있도록 합니다.

41 받아내림이 없는 (두 자리 수) − (두 자리 수)

● 뺄셈을 하시오.

(1) 48−33 = 15   ① 33을 30과 3으로 나누어 30을 먼저 빼고 3을 뺍니다. ② 48−30=18 ③ 18−3=15
48−30=18
18−3=15

(2) 59−35 = 24
(3) 87−42 = 45

(4) 96−63 = 33
(5) 87−54 = 33

(6) 75−51 = 24
(7) 76−42 = 34

(8) 55−32 = 23
(9) 77−24 = 53

(10) 78−51 = 27
(11) 65−14 = 51

(12) 86−23 = 63
(13) 76−53 = 23

(14) 49−18 = 31
(15) 54−30 = 24

(16) 97−25 = 72
(17) 85−43 = 42

(18) 78−52 = 26
(19) 79−37 = 42

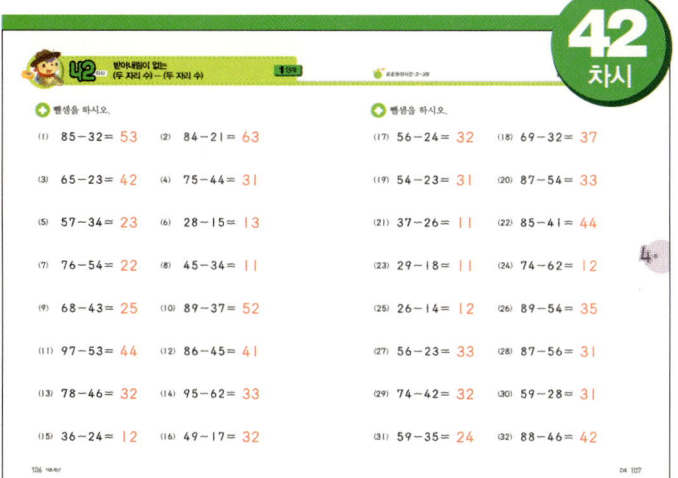

106~107쪽

앞 단계에서 충분히 연습하였으므로 주저없이 답을 쓰도록 합니다. 이때 학생이 어려워하는 경우 앞 단계를 다시 한번 연습하도록 합니다.

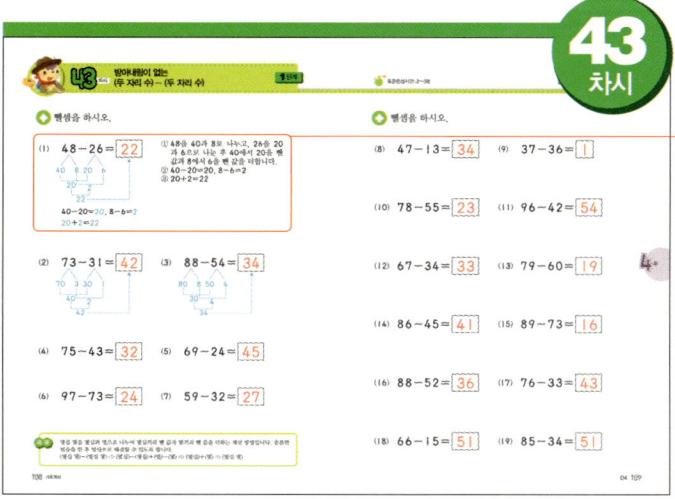

108~109쪽

몇십 몇을 몇십과 몇으로 나누어 몇십끼리 빼고, 몇끼리 뺀 차를 더하는 계산 방법입니다. 충분한 연습을 한 후 암산으로 해결할 수 있도록 합니다.

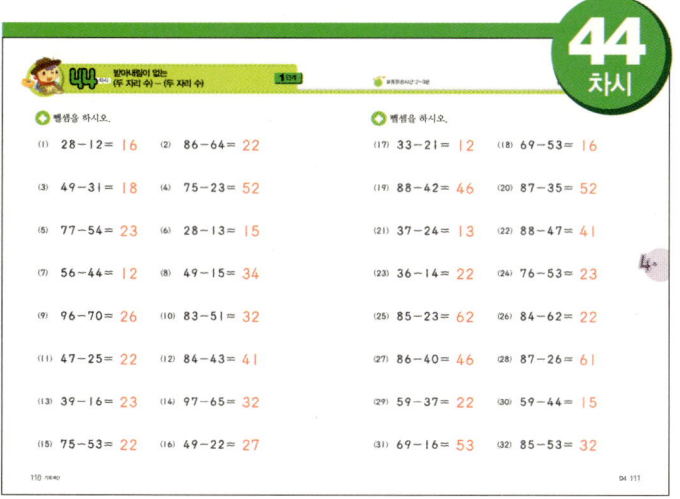

110~111쪽

앞 단계에서 충분히 연습하였으므로 바로 답을 쓸 수 있도록 합니다. 이때 학생이 어려워하는 경우 앞 단계를 다시 한번 반복하도록 합니다.

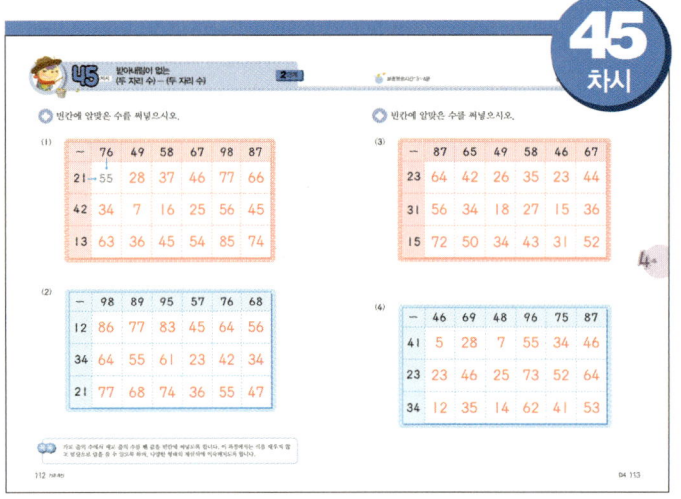

가로줄의 수에서 세로줄의 수를 빼 차를 빈칸에 써넣도록 합니다. 식을 세우지 않고 암산으로 답을 쓸 수 있도록 하며, 다양한 형태의 계산식에 익숙해지도록 합니다.

위에서부터 차례로 빼어 빈칸에 답을 쓰도록 합니다. 이때 쓴 답에 다시 수를 빼어 답을 쓰는 것에 주의하며 줄을 맞추어 계산하도록 합니다.

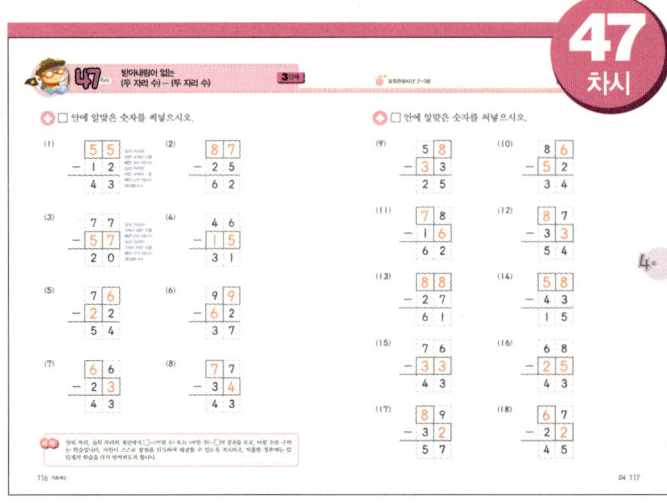

□−(어떤 수) 또는 (어떤 수)−□의 결과를 보고 □를 구하는 학습입니다. 어린이 스스로 방법을 터득하여 해결하도록 지도하고, 미흡한 경우 앞 단계 학습을 다시 반복합니다.

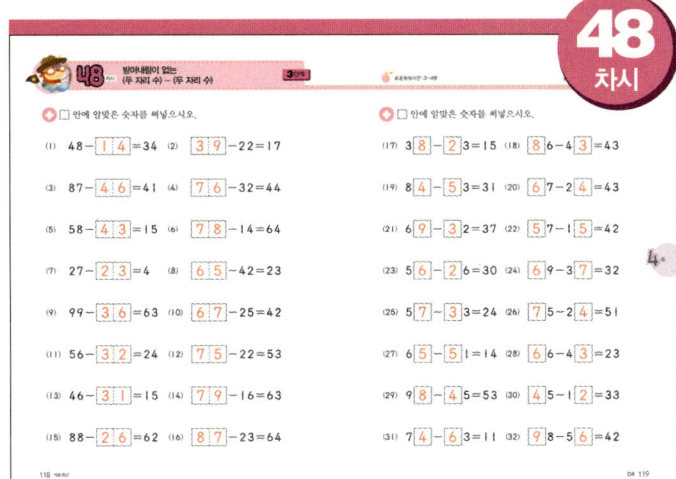

118~119쪽

일, 십의 자리의 계산에서 □−(어떤 수) 또는 (어떤 수)−□의 결과를 보고 □를 구하는 학습입니다. 어린이 스스로 방법을 터득하여 해결할 수 있도록 지도하고, 미흡한 경우 앞 단계의 학습을 다시 반복하도록 합니다.

체크 포인트

1. 모든 단계를 마친 후 채점, 지도 사항을 그래프에 체크합니다.
2. 그래프를 통해 성취도가 낮은 부분을 알아보고, 보충 학습이 필요한 경우 해당 학습으로 되돌아 가서 다시 반복 학습합니다.
3. 학습 시 질문을 통해 이해의 정도를 파악하여 각 단계를 탄력적으로 지도합니다.
4. 이해의 정도가 빠르거나 느린 상황에 따라 단계를 뛰어넘거나 보충 학습을 하는 등 학습이 유연하게 진행되도록 합니다.

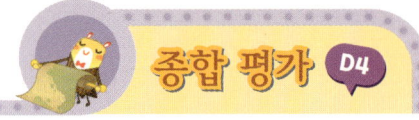

정답 및 지도서 D4

종합 평가 D4

120~122쪽

- 받아올림이 없는 (두 자리 수)＋(두 자리 수)의 계산을 바르게 할 수 있는지 확인합니다.
- 오답의 원인을 어린이 스스로 찾을 수 있게 하여 충분한 학습이 되도록 합니다.
- 받아내림이 없는 (두 자리 수)−(두 자리 수)의 계산을 바르게 할 수 있는지 살펴봅니다.
- 다양한 유형의 문제를 몇 가지 찾아 풀어 봄으로써 자신감을 갖게 합니다.

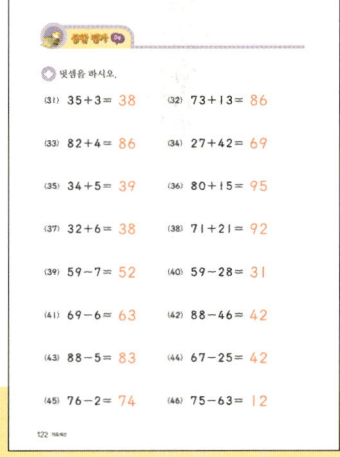

종합 평가 D4

◈ 계산을 하시오.

(1) 32 + 6 = 38	(2) 64 + 12 = 76	(3) 34 + 3 = 37
(4) 70 + 29 = 99	(5) 23 + 5 = 28	(6) 25 + 32 = 57
(7) 22 + 4 = 26	(8) 40 + 25 = 65	(9) 51 + 8 = 59
(10) 53 + 32 = 85	(11) 76 + 3 = 79	(12) 61 + 24 = 85
(13) 5 + 13 = 18	(14) 26 + 40 = 66	(15) 4 + 35 = 39

◈ 뺄셈을 하시오.

(16) 87 − 4 = 83	(17) 28 − 13 = 15	(18) 49 − 7 = 42
(19) 79 − 42 = 37	(20) 39 − 4 = 35	(21) 88 − 65 = 23
(22) 68 − 5 = 63	(23) 75 − 60 = 15	(24) 56 − 4 = 52
(25) 48 − 26 = 22	(26) 96 − 2 = 94	(27) 58 − 31 = 27
(28) 38 − 3 = 35	(29) 57 − 24 = 33	(30) 27 − 1 = 26

종합 평가 D4

◈ 뺄셈을 하시오.

(31) 35＋3＝ 38	(32) 73＋13＝ 86
(33) 82＋4＝ 86	(34) 27＋42＝ 69
(35) 34＋5＝ 39	(36) 80＋15＝ 95
(37) 32＋6＝ 38	(38) 71＋21＝ 92
(39) 59−7＝ 52	(40) 59−28＝ 31
(41) 69−6＝ 63	(42) 88−46＝ 42
(43) 88−5＝ 83	(44) 67−25＝ 42
(45) 76−2＝ 74	(46) 75−63＝ 12